死んだらどうなるの？

選べる行き先は４つ！
奇跡の魂ツアーに出発しよう

桜井識子

KADOKAWA

はじめに

この本を手に取っていただき、ありがとうございます。

本書は死後の世界について書いています。若い年代の方だったら、まだそこに関心がないかもしれませんが、知識として知っておかれたほうがよいことがたくさんありますので、読んで損はない1冊となっています。

ご両親や祖父母など身近な人を亡くされた方から、「ちゃんと供養をしてあげたいです。何をどうすればいいのでしょうか」というメッセージが時々届きます。身近な人が亡くなってはじめて、死後の世界について考えたという方や、亡くなったご両親があちらの世界で今どうしているのか、困っていないか、安らかにしているのか知りたい、という方もおられます。大事な人を亡くして供養の大切さを実感する人が少なくないようです。

心のこもった供養をするために、そしていつかあちらの世界に帰る自分自身のためにも、死後の世界のことは詳しく知っておいたほうがいいと思います。

魂が肉体を離れてから……私たちは何をすればいいのか、どこに行けばいいのか、向こうの世界は一体どうなっているのか、というそこを書いてみました。供養についても、質問が多いものを説明しています。

ただ……本書に書いていることは、仏教関係者や僧侶の方の考え方とは違う部分があると思います。どの本にも書いておりますように、個人的見解としてお読みいただきますようお願い申し上げます。

死後の世界は暗く寂しいものではありません。一般的なその印象とは逆で、実際の世界は明るく楽しいところです（自殺を除きます）。成仏をすると、のんびり伸び伸び、ゆったり穏やかに、心から楽しくすごせる生活が待っています。天国が本当にそこにあるのです。

その上の世界に行けば、やりたいことがたくさんあります。どれも楽しそうだし、やりがいもあるしで、「うわ～、どれを選ぼうかな～」と、ワクワクと迷います。それは前向きで高揚感のある迷いです。どれにしよう？　と、考えるところからすでに充実感もあって、ウキウキが止まらない……そんなポジティブな世界なのです。

死後世界がそんなに楽しいなんて丸ごと信じられません、という方がいらっしゃるかもしれません。そのような方はファンタジーな読み物として読んでもらってもいいと思います。

本当かな？　本当にそうなのかな？　と、ずっと疑いながら読んでしまうと、知っておくべき大事なことが何も残らないかもしれないので、「おぉ〜、ファンタジーな世界で面白いなぁ」というふうに、楽しくお読みいただくほうがいいです。そのような感覚で読まれれば、書かれている内容が頭の片隅に残るからです。

ここに書かれている知識のどれかが、死んだあとの自分を助けてくれるかもしれません。たとえ信じなかったとしても、情報を捨てたりせずに心のどこかに置いておけば、何かの時に役に立つと思います。


私はこれまでに単行本を18冊出版しています。ブログは7年書いてきました。現在は7年前の書き始めた頃より、見えない世界の知識が大幅に、それはもう驚くほど増えています。その理由は、日本全国あちらこちらの神社仏閣を取材で訪れて、いろんな神様や仏様に、バラエティに富んだお話をたくさんお聞きしてきたからです。

本を書くようになったブログ初期の頃に比べ、参拝した神社仏閣の数は何倍にも増えており、そこでもらった情報は何倍どころか、何十倍にも増えています。

たとえば「成仏の扉」についての情報を集めていると、簡単にさらっとしか教えてくれない神仏もいますが、詳しく丁寧に教えてくれる神仏もいるわけです。日本各地をまわって、たまに海外の神様や仏様にも会って、いろいろ聞くことでスピリチュアルな情報がどんどん増えて広がっています。教わる内容も高度になってきています。

そのようなわけで、この本に書いていることが「現在の」最新の情報です。数年前にはまだあやふやにしかわかっていなかったことが、最近になってハッキリしたということもありますし、「ああ、そういうことだったのか」と、今まで全体像が見えていなかったけれど、やっとすべてが見えたものもあります。

過去に書いた本では軽くふれているだけだったのに、この本ではやけに詳しい……というところは、最近になって詳しく教えてもらったということです。

ここは大事だと思うところ、この供養は熟知しておくべきだというところは、やや重複気味に書いています。本当に重要な部分はウザいと思われるのを覚悟のうえで繰り返しお伝えしております。

今、この本を手にされている方の中には、もしかしたら病気で余命宣告をされている方がいらっしゃるかもしれません。不安や恐怖を感じておられるかもしれず、出口の見えないトンネルの中にいるようなお気持ちなのでは……と思います。この本を読むことで死後世界を正しく理解していただき、不安が少しでも解消されることを心から願っております。

桜井識子

もくじ

第2章 魂のコミュニティに帰る

第３章　魂の輝かしい未来

第4章 親しい人があちらの世界に帰ったら

第5章 こちらの世界で安心して生きる

装丁／原田恵都子（Harada＋Harada）
イラスト／オフィスシバチャン
DTP／Office SASAI
校正／鷗来堂
編集／仁岸志保

第1章 死んだらどうなるの？

知りたい寿命のこと

魂は毎日、残りの年数を確認している

人間には必ず、あちらの世界に帰る時が訪れます。死ぬことをどう考え、どうとらえるかで、自分の最期のすごし方、この世を去るその瞬間の心の持ち方などが変わってきます。あちらの世界に帰っていった故人に対しての気持ちも……たとえば、若くして亡くなった人への感情などもまったく違ったものになるため、詳しいことを知るのは大切だと思います。

死ぬことをよくないことだととらえていたら、早逝した人に対して「無念だろう」「かわいそうに」といった憐れむような感情になると思います。早逝するのは運のないかわいそうな人であり、ある程度高齢で亡くなった人のことはそのように思わないのではないでしょうか。

早逝をした人は本当に運が悪かったのでしょうか。かわいそうな人なのでしょうか。

半年くらい前のことです。読者の方にいただいたメッセージに、その方のお友達の息子さ

んが20代前半で亡くなられたことが書かれていました。母親であるお友達はそのことがきっかけで神仏への信仰を捨てたと言っており、そのせいか日に日に心がすさんでいくように感じると、読者さんは心配をされていました。命について考えさせられる、とても深刻な内容でした。

日課のウォーキングをする前にそのメッセージを読み、その後のウォーキング中、ずっと人生について考察をしました。その日はいつもと違うコースを歩き、やや大きめの公園を見つけそこで休憩をしました。お天気のよい日でしたから、多くの子ども（幼稚園児から小学校低学年です）が遊んでいて、親もあちらこちらでおしゃべりをしていました。私もベンチに座って、もらったメッセージについていろいろと考えました。

そのうちだんだん考えることに疲れてきて、無意識に思考するのをやめ、目の前の光景をただボ〜ッと見ていました。子どもたちが走りまわったり、ブランコに乗ったり、すべり台をすべったりしているのを、何も考えずに見ていたのです。

次の瞬間です。いきなりそこにいる人たちの胸のところに不思議なものが見えたのです。薄く光っているような、霧のかたまりというか、雲のかたまりのような円柱形のものがあります。全員、同じものを胸の部分につけていて、胸から前方へと伸びています。

えっ？　それは何？　と凝視しても、初めて目にするものなので、なんなのかわかりません。長い人もいれば短い人もいます。どちらかというと長い人のほうが多く、子どもは比較的長くて、大人は子どもに比べるとやや短いです。

しばらくじーっと観察していて、その正体がわかりました。寿命なのです。

子どもはほぼ長い子ばかりですが、中には短い子がいます。長さを比較して考えるに、短いその子は30歳くらいであちらの世界に帰るようです。一番短かったのは、30代後半に見える母親の女性で、1~2年のうちにこの世を去る計画のようでした。

みんなその寿命を胸につけて、走りまわったり、ブランコに乗ったり、ベンチに座っておしゃべりをしたりしているのです。つまり……寿命はいつもその人にくっついているわけです。意識していなくても、常に自分の寿命を身につけて行動している、寿命を認識している、寿命を毎日見ている、ということです。

寿命は歳を取って老人となった頃に、「そろそろかな？」と考えるものではないのですね。高齢になってから気づく、思い出す、意識するものではなくて、実はこうして幼い頃から毎日、あと何年ということを実感しているのです。

肉体の脳では感知していませんから寿命は意識の中にありませんが、人生をどのあたりで終えてあちらの世界に帰るのか、ということを、魂は生まれた時から知っていて、生きている間じゅう、毎日確認しているのです。

寿命は自分で決めてきた人生計画

私が訪問介護の仕事をしていた時に亡くなられた、男性の利用者さん（介護サービスを利用している人を業界ではこのように呼んでいます）は、亡くなる半年前に自分の寿命について正確なことを言っていました。

その時点ではまったくそのような兆候はなくて、体も元気だったし、病気もなく、頭もしっかりしていました。奥さんと私が半年後の話をしていたら、その頃に自分はいないかもしれない、みたいなことをチラッと言ったのです。奥さんはその言葉を笑い飛ばし、私も奥さんに同調したのですが、本人の予言通り、半年後に亡くなりました（詳細は『神様、福運を招くコツはありますか？』という本に書いています）。

やはり魂は寿命を正しく知っているのだな、とその時に確信しました。

こちらは元夫の祖母のお話です（ちなみにこの元夫は2回目の結婚をした夫で、婚姻は解消しましたが、人生のパートナーとして今でも仲良しです。私の本やブログに時々登場しています)。この方は亡くなる年に、「今年の夏におばあちゃんは死ぬからね」と、まだ子どもだった元夫に穏やかに言ったそうです。

その時点では元夫の祖母は元気だったため、「なんで?」と聞くと、祖母は「そう決まっているから」とかなんとか言ったそうです。そしてこちらも本人が予言した通り、夏の暑い日に畑仕事をしていて亡くなったということです。

人間は覚えていないだけで、生まれる前に今世の寿命を〝自分で〟決めています。適当に決める人はいなくて、ちゃんとその人の人生計画に基づいて決めた年数です。体験すべきことを何歳でやるかとか、学びを得る経験を人生のどこに配置するかなど、さまざまなことを熟考して寿命を決めています。

もしも輪廻転生のシステムがなくて、今から始める人生のみ、生きるのは1回きりである、となったら、みんながみんな100歳まで生きよう、120歳まで生きよう、と死ぬのをなるべく高齢にするように思います。

でも現実はそうではなく、魂は転生を繰り返していることを知っています。この本を読んでいる方は、もうすでに何十回も人生をやっていると思います(スピリチュアルに関心があるのは、たくさんの人生を経験しているからなのです)。百回を超えている人もいるでしょう。今世の計画だけを考えて寿命を決定するのではなく、魂の経験（数々の過去世）も考慮してこの世にいる時間を決めています。

今回の人生ではこれだけを学べればいいという、限定して得たいことがある人もいます。そのような人はそこをクリアすれば、カルマを作らないように長生きはせず、さっと帰ろうということで早逝します。

人によっては30年の人生だったり、20年の人生だったりするのはそのためです。長く生きること、イコール、運がよいというわけではないのですね。20年でも十分だと思えば、そのように計画します。

人生は温泉みたいな感じでしょうか。長くつかっている人もいれば、早々に出る人もいる、人それぞれなのです。そして寿命は自分が決めているので、たとえ人より短くてもまったく不幸なことではありません。計画通りなのです。かわいそうに思ったり、不憫だと憐れむことは、逆にあちらの世界に帰ったその人を悲しませます。

寿命が長くても短くても、その時が近くなるとなんとなく察して穏やかに受け入れられるのは、自分が決めたことだからです。

突然寿命が示されることもある

帰る時期が近づくとなんとなく寿命がわかりますが、それを若いうちに、もっと早くに知ることはできないのかと言いますと、実は何かの拍子にフッと示されています。とても小さい気づきなので、気づかないまま流している人が多いと思います。

私は自分の寿命を夢で知りました。まだわかる能力が低かった頃ですが、息子を妊娠している時のことです。私の体の中（胸のあたりです）に香炉がありました。そこには線香が1本立てられています。もちろん火がついています。

その香炉を見ていると、そこに新たに線香が1本、誰かの手によって立てられたのです。こちらももちろん火がついています。新しく立てられた線香は、77〜78年で燃え尽きる長さだな、とわかりました。

そこで「ああ、これは生まれてくる息子の寿命だ！」と直感したのです。ということは、もとから香炉に立っている線香は私の寿命ということになります。

それは息子の線香に比べるとすでに短くなっており、残りが48年とハッキリ数字で見えました。多少の誤差があるとして、私は75〜80歳であちらの世界に帰るのだな、と思っています。

人間は寝ている時、見えない世界と繋がっているので、このように夢として寿命を確認していることがあります。起きている間は意識が邪魔をするので、そのサインがあっても寿命を知ることは難しいかもしれません。

私のように線香というわかりやすいものにうまく変換して夢を見ればいいのですが、変換次第ではわかりづらい表現になっていると思います。起床してからも見た夢が忘れられない、妙に鮮明だったという時は、寿命を確認しているのかもしれないので、じっくり考えてみることをおすすめします。

あちらの世界に帰る時

お迎えが来る人、来ない人

「自分が決めた寿命だということはわかりました。けれど、いざ帰る時のこと……死ぬ時のことを考えると怖いです」という方がおられると思います。

「死」を恐ろしく感じるのは人間として正しい感覚です。ですから、怖く思うことに関しては心配いらないです。死が怖い、という恐怖は必要なものとして肉体に付属しているのです。

もしもこの恐怖がなかったら、人間は簡単に死んでしまいます。自殺は死後の世界でしんどい思いをする、ということを皆様もご存じだと思いますが、死の恐怖がなければ、安易にしてしまうかもしれません。かかえている悩みのほうが死よりもつらいと思ってしまうからです。軽く考えて簡単に死んだりしないように、本能として「死」の恐怖が脳に組み込まれているのです。

しかし、死ぬことは本当は怖いことではありません（自殺を除きます）。

死ぬことを、親しい人を残してこの世から自分だけがいなくなる、肉体とともに自分が完全に消滅してしまう、死んだあとどうなるのかわからない……そのようなネガティブな方向で考えると怖くなると思います。

けれど、正しい知識を持っていれば、いつか来るその時は怖いものではなく、自分がもといた場所に帰るだけなのだ、ということがわかります。そのことを知ってさえいれば、亡くなる瞬間は「ああ、帰るのだな〜」と静かに悟るだけです。

さて、その帰る時のことですが、お迎えが来る人と来ない人に分かれます。このお迎えは成仏をした時のお迎えのほうではなくて、生きている時に「そろそろですよ～。心の準備をしたほうがいいですよ」とお知らせに来る人のことです。

不思議なことに、お知らせに来る人は亡くなったおじいちゃんやおばあちゃんなど血のつながった人ではなくて、見知らぬ人というのが多いです。

え？　見知らぬ人ってどういうこと？　ですよね。私もそう思うのですが、その理由は現在、まだわかっておりません。ただ、まったく知らない人が1人から数人でお迎えに来ることがあります。これは知識として「そういうことがあるのね」と知っておかれたほうがいいと思います。知らなければせっかくお迎えに来てくれた人を死神と勘違いしてしまうからです。

お知らせに来るその人たちは悪い人ではありません。亡くなったあと、迷子にならないように心の準備をお伝えしに来た、それだけです。見た目も普通の人ですから全然怖くありません。ただ、その姿を死ぬ前に見るので……この世の人ではない、という部分から幽霊や死神だと思ってしまうようなのです。

恐怖をやわらげる方法として「ああ、お迎えだな～」と思ったら、どこの誰なのか、どうして自分のところに来たのか、など質問をしてみるといいかもしれません。「それってお仕事ですか？」と聞いても面白いように思います。

死ぬ瞬間は、あちらの世界に「帰る」ということを魂がしっかり認識しますから、パニックになることはありません。淡々と悟ります。

私は子どもの頃に溺れて死にかけたことがあります。生から死へ移行しつつある時はとても気持ちがよく、沈みながら見た海面はすごく美しかったです。神様の助けがなかったら、あのまま死んでいたわけですが、死に向かう時に感じた世界は怖いと思うどころか心地よい世界でした。

死ぬ時のことを知っておくのは悪いことではありませんし、不吉なことでもありません。あちらの世界を熟知していれば、いざという時に恐れなくてすみますし、死後、迷うことなく行動ができます（ここが一番大事です）。

さらに、少しでもよい状態であちらの世界に帰ろうと思うため、考え方や生き方がよい方向に変化していきます。最終的に、楽しい世界であるもといた場所に帰れることを思えば、つらい人生も「もうちょっと頑張っておこうかな」というふうにも思えます。

親しい人にお別れの挨拶をする

最後の挨拶は死ぬ「前」に行く

死ぬ時に親しい人に挨拶に行く、ということも、皆様知っておられると思います。家族、親戚、友人知人、仕事でお世話になった人や学生時代に親しくしていた同級生など、最後に会いたい、お別れを言いたいと思う人は案外多いかもしれません。

この最後の挨拶は死ぬ「前」に行きます。

このことを知らなかったとしても、自分が死ぬ時は自然と思い出すので心配はいらないです。死ぬ前にお別れを言いに行きます。一応知っておかれたほうがいいですよ、とこの部分を書いているのは、挨拶に来られる立場である、現在生きている皆様にお伝えするためです。

親しい人や肉親がせっかく最後のお別れに来てくれても、「いつ」来るのかを正しく知らなければ「気のせいかな？」で片付けてしまいます。来たのは亡くなる前だったからなぁ……とそこで判断をするためです。私も昔は、死んでから魂が肉体を離れ、そのあとで来るのだろう、と思っていたので、そのように考えている人は多いと思います。

実際は亡くなる数日前から、魂が離れるその瞬間までです。いよいよこの世を去るという時、大抵の人は眠っている時間が長かったり、意識を失っている時間が長かったりします。死ぬのがもうすぐで、そのような状態の時は魂が体を抜けて自在に動けます。死ぬ数時間前などの起きている時に魂が抜けてしまうと、もうろうとした感じになります。

最後の挨拶に行くのは亡くなる当日という人がほとんどですが、早めに行く人もいます。2〜3日前ということもありますし、1週間前という人もいます。亡くなる当日でも、亡くなるのが夜だったとしても朝早くから行く、ということもあるわけです。

神様のサポートは生きている人間の特権

親しい人に挨拶に行くのは亡くなる前ですが、神仏へのご挨拶も同じです。生きている間に神仏にお世話になった人は、最後のご挨拶をしたいと思うのではないでしょうか。神様や仏様に「ありがとうございました」と頭を下げに行くのは、死ぬ直前です。これも知っておかれたほうがいいと思います。

亡くなってから神様を呼んでも来てもらうことはできません。生きている時はご縁をもらっていれば緊急時に呼ぶとすぐに助けに来てくれます。まだご縁をもらっていなくても、お守りを握りしめて呼ぶと、神様は即座にしゅっと駆けつけてくれます。

しかし、死んでからはそのご加護がもらえないのです。神様に甘えられるのは生きている間のみなのですね。その理由は、今を一生懸命に生きている人間だからということと、人間が現実界に存在しているからです（死後の世界と神様界は次元が違うため会うことができません）。

人間は死んで、成仏をしたら、「神様に頼る」ということがなくなります。生きている間はつらいことや心配なこと、うまくいかないことなどがたくさんあって、神様に助けてもらうしかない、という場面が少なくありません。人間の力では、もうどうしようもできない、ということは意外と多いように思います。そのような人間をサポートしてくれるのが神様なのです。

けれど、あちらの世界に帰ったら、「苦悩」とか「心配」とか「うまくいかない」とか、そういうものがなくなります。お金のことや、健康、人間関係、受験、縁結びなど、生きている間は苦労したり、こうなってほしいと望んでいたことが雲散霧消するのです。

「なるほど〜、死んでからは神様に会うことがないのですね。だったら、生きている時にお世話になったお礼をしっかり言っておきたいです」という場合、死ぬ前の、魂が自由に動ける時しかチャンスはありません。死んだあとで会いに行くことは非常に難しいのです。

亡くなって49日までの期間は「喪中」です。それも自分の喪、実際に死んだという喪なので、死後世界（黄泉の国）にいる喪です。親族が亡くなってつく喪よりも、もっともっと強烈です。ですから、神社には行けません。神域に入ることができないのです。

49日を終えて成仏したらどうなのかと言いますと、成仏すると別の世界（成仏界）に入ります。この成仏界からは「3次元界にある神社に行く」という方法がありません。家族の誰かに位牌を持って神社に行ってもらわなければ無理です。自分で成仏界という世界を脱出して、現実界の神社に行くことは不可能なのです。

しかし、成仏界の上の世界（第3章に詳しく書いています）に進めば行けるようになります。その世界に行くのは、成仏界で普通に過ごしていれば50回忌を終えてからです。人間の感覚で言えば50年後です。

え？　そんなに先なの？　もっと早くなんとかできないのですか？　という人は修行（厳密に言えば意味が違いますが、ここでは詳しい話がまだなのでこの言葉で表現をしています）を頑張ることになります。生きている間に徳を積んでおく、生きている間に霊格を上げておく、というのも、早めに上の世界へ行く1つの方法です。

頑張って上の世界に行っても、神格の高い神様や山岳系神様に会いに行くのは難しく、そこでももっと霊格を上げなければなりません。

つまり、生きている今のように、簡単に「こんにちは〜」と会いに行けないのです。ですから、今世でお世話になったお礼を神様に言っておきたい、という人は死ぬ直前の、魂が自由に動ける時に行きます。この時、魂は自由にどこにでも行けますから、人生で参拝したすべての神様にお礼を言うことも可能ですし、もちろん山岳系神様にもこの時だったらしっかり会いに行けます。

願掛けを叶えてもらったお礼に関しては、生きている間に、行ける時に行くことが礼儀です。遠方でなかなか行けない、体調が悪くて行くのが難しいとなったら、死ぬ前のご挨拶の時でもかまいません。

三十三間堂で手を借りている人はこの時に返してもオーケーだそうです。

三十三間堂には千手観音さんが1001体おられます。一体の観音さんが千本の手を持っていますから、楽器を奏でるのがじょうずな手や、優しい介護をするのがじょうずな手など、いろんな分野に秀でた手があるのです。それを借りることができますが、生きている間だけなので、死んだら返さなければなりません。

無理をして元気なうちに返しに行かなくても大丈夫だということを、三十三間堂のご本尊（中尊）の仏様が言っておられました（三十三間堂で手を借りるやり方は『京都でひっそりスピリチュアル』という本に書いています）。

死後、神様に会いたくなったら？

「では、成仏をして成仏界に入ったら、しばらくは神様に会えないのですね？　残念です」と言われれば、「そうです」とお答えするしかありません。ただ……魂になると意識が変わりますから、神様を頼る、願掛けをする、神様に会いたいという気持ちがなくなります。

魂になると、人間だった時にはわからなかった、見えない世界のことが明瞭に見えてきます。思い通りにいかない人生を一生懸命に生きている人間、その人間を可愛く思い、優しくサポートをしている神様……という人間と神様の関係が理解できます。

自分がよくしてもらっていたのは、そのように頑張って生きていたからだということもわかり、亡くなってからもよくしてもらいたいとは思わないのです。神様は生きている人間のサポートがお仕事だということが、嫉妬をすることなく、死んだ自分にはしてもらえないと失望することなく、ちゃんとわかります。そうなると、無理をしてでも神様に会いに行きたい、というこだわりが消えます。「悟る」と言ったほうがピッタリかもしれません。

では、成仏しなければ成仏界に入らないわけですから、成仏しないまま49日（喪中）を過ぎてしまえば会えるのかと言うと、残念ながらこちらも会うことができません。成仏しなければ、その人は「幽霊」です。波動が恐ろしく低くなりますので、その波動で神域には入れないのです。幽霊状態で会いに行っても、鳥居のところで祓われてしまいますから、神様に会うことはできません。

死んでから神様に会うには、50回忌を超えて上の世界にいく、神格が高い神様に会うのだったらそこでも修行を頑張って霊格を上げる、しかないのです。

もう一つの方法は、神様修行に入ることです。修行に入れば神様界に入ります。神様と同じ世界に入ることになるわけです。修行を始めたばかりの頃は修行をしているところの神様にしか会えませんが、修行を積んでいけば、自由に行動できるようになります。そうなると、どの神様にも会いに行くことができます。

仏像の通じている道も人間専用

仏様のほうも自分が死んで魂となった時点で、〝仏像を介して〟ご縁をもらうとか、仏像を通して仏様とお話をするとか、そのようなことができなくなります。お寺に安置されている仏像は、浄土や須弥山にいる仏様本人と直接コンタクトができない〝人間のため〟のものだからです。通じている道は人間用なのです。

人間だったら仏様が仏像から姿を出していなくても、道がつながっている仏像と会話ができますし、仏様の波動なども仏像から感じることができます。

亡くなって魂になったら、人間とは違う存在になって、仏様と同じようなシステムの世界にいますから（193ページに詳しく書いています）、お互いが「道」をとおして「会う」ことが難しいのです。

生きている人が供養のために写経をしてくれれば、その功徳を届けに〝仏様のほうから〟来ることはあります。息子が恐山に会いに来るからと宇曽利湖で待っていたら「息子が呼んでいるぞ」と仏様が呼びに来てくれたりもします。

仏様のほうからは来てくれますが、自分のほうから仏様に会いに行く場合は、人間の時のように仏像を通じて会うことができないため、浄土や須弥山に行かねばなりません。その世界は仏様と同等の仏格でなければ行けず、難しいというわけです。

しかしこちらも、50回忌を過ぎればお寺に行くことができるので、そこで仏様が仏像から出てくるのを待つという方法があります。仏様修行に入れば仏様界に入るため、神様界での修行と同じく、頑張って仏格を上げればいろんな仏様に会うこともできます。

このように死んでからだと神様にも仏様にもすぐに会うことが難しいのです。お世話になったお礼を言いたい、最後にしっかり会っておきたいという人は、亡くなる直前に行きます。魂で行動をする時は「時間」が3次元ではありませんから、死ぬまであと3分しかない！となっても焦らなくても大丈夫です。魂になったら時間の流れが違うので、ゆっくりと何ヶ所でも参拝できます。好きな神仏に心ゆくまでお別れのご挨拶をすることができますから、ご安心下さい。

三途の川って本当にあるの？

三途の川へ行った元夫の臨死体験

死ぬ瞬間とはどのようなものなのでしょうか。元気である今、想像をすると「イヤだイヤだ、死にたくない！　誰か助けてー！」とパニックになりそう……と、不安に思うかもしれませんが、実際にその時が来たら、取り乱す人はほとんどいないです。死ぬ時は脳で考えるのではなく、魂が帰ることを悟るからです。病気でも事故でも「ああ、帰るんだな～」と冷静に思うのが普通です。

魂が肉体から「離れる」のが「死」ですが、自分の意思で……つまり「よし、今、離れよう」と離れるのではありません。「魂の緒」が切れて、魂は肉体から分離します。この「切れる」瞬間に、本人が3次元世界からあちらの世界という別次元に移動をして、存在自体が変わります。

この時、トンネルのような「次元の境目」を一瞬で通過します。この一瞬は1秒もないくらい驚くほど短い瞬間ですから、ほとんどの人は感知できません。気づいたら、魂が肉体から離れて自由になっていた、となります。次元の境目を通らなくては3次元世界から脱出できず、あちらの世界に入れないのです。

あちらの世界に入ると、そこは幽界です。

ここで死後世界を説明するための、次元の名称を明確にしておこうと思います。

まず、亡くなって49日までいるところを「幽界」と呼びます。現実界と重なった世界で、ほぼ現実界にいる感覚の場所です。幽霊もここにいます。

デジタル大辞泉や大辞林では「幽界」を【死後に行くという世界。あの世。黄泉（よみ）。冥土（めいど）】と説明していますが、この本では成仏する前の魂がいる世界、49日までの世界、幽霊がいる世界が「幽界」です。

ここから成仏して入る世界を「成仏界」と呼びます。成仏した魂は全員、一旦ここに行きます。

成仏界から先の世界は高級霊ばかりになるので「高級霊界」と呼びますが、進路によって4つに分かれます。各進路コースの名前で書いたり、4つをまとめて高級霊界と書いたりしています。

話をもとに戻しまして、「死んだら、まずは三途の川へ行くのかな」と思っている方がおられると思うので、ちょっとその説明をしておきます。私は三途の川を見たことがないし、私というこの人生で行ったことがないのですが、元夫が興味深い体験をしているのでご紹介します。

元夫は難病を患っていますから、消化器が炎症を起こすと、止まらない吐き気と腸閉塞による激痛に襲われます。本人は救急車に乗ることを申し訳ないと思っているため、手遅れになる寸前くらいまで我慢をするのですが、症状が激しい時は気を失ったり、吐瀉物がのどに詰まったりします。呼吸が止まりそうになったこともありますし、実際に止まったこともあります。そばで見ていて地獄のような苦しみだなといつも思います。そんな元夫は一度死にかけたことがあって、その時のお話です。

激痛と吐き気にのたうちまわっていると急に呼吸ができなくなり、苦しいので大きくもがいていたら、目の前がサーッと真っ白になっていったそうです。以下は元夫に聞いた内容です。

次の瞬間、元夫は川の真ん中に立っていました。立っているという「実感」がしっかりとあります。夢の中とか、イメージしているといった頭の中でのことではなく、実際にそこに立っているのです。水の感覚も水圧もあります。

その川は川幅が広い、大きな川であり、向こう岸まで距離があります。よく見ると向こう岸には亡くなった祖母と、数年前に死んだ犬がいます。生前の祖母はとっても優しい人で、元夫は祖母が大好きでした。犬のマロンも「死んだらマロンに会いたいなー」と、しょっちゅう言うくらい大好きな犬です。

元夫は「あ！　おばあちゃんだ！　マロンもいる！」と嬉しくなって、向こう岸へ行こうとしました。しかし、水位は太ももまであります。さらに流れが強いので水の抵抗が半端なく、なかなか前に進めません。

ヒザ下あたりの水位だったらもっと早く歩けるのでしょうが、太ももまであると前に進みづらいのです。必死で水の中を歩いていると、祖母が「まだ来てはダメ！」と叫びます。

元夫は「おばあちゃん、なんでー？」と言い「くっそー、なかなか前に進めへん！」と口にして叫んだところで、意識が戻りました。このあと救急車を呼んで病院に搬送されました。

元夫はクリスチャンで、それも生まれた時からのキリスト教信者です。他の宗教は罪になるので、一切触れずに育っており、仏教も神道のことも知りません。三途の川についても、「その名前はどこかで聞いたことがあるような……」程度で詳しいことは知らないのです。

どこかでちょっと聞いたことがあったとしても、この時の元夫は他の宗教をこれっぽっちも信じていませんでしたから、彼の頭の中に三途の川は存在しないのです。それなのに臨死体験をした時は、三途の川に行くわけです。三途の川を知らなくても、信じていなくても、行くということはその場所が「ある」ということです。

水の抵抗などはリアルな感覚だったそうです。そして、もしもこれが川ではなく普通の道だったら、簡単に向こう側へ行っていたと言います。「走れたら絶対に走って行っていた」とのことで、実際に行った人しかわからない感想だと思います。

躊躇しないでサクッと渡るのがおすすめ

去年のことです。取材に行って宿泊したホテルで、私は濃い夢を見ました。その夢の主人公は私ではないのですが、なぜか気持ちが自分の気持ちとなっていて、実感をともなってわかるという、そんな夢でした。

主人公の女性は川の手前にいます。渡りたいのに川を渡ることができません。「靴や服が濡れてしまう」と思っています。舟が来れば乗れるのに……舟は来てくれないのです。その理由は「私がお金を持っていないから……」と思っています。ものすごく悲しい気持ちなのです。

浅瀬を探して渡るしかないのかな？　このへんが一番いいかな？　いや、こっちのほうが浅そう、あ、でも、真ん中あたりは深そうだし……どうしよう……と女性はウロウロしています。お金がないから舟が来てくれない！　と強く思ったところで目が覚めました。

チラッと時計を見たら午前3時でした。丑三つ時ですね。もっとも霊に遭遇しやすい午前2時～4時のど真ん中です。部屋にはラップ音が響いていましたが、猛烈に眠かった私はお不動さんの真言を3～4回唱えて、「真言の力」で幽霊を追い払って寝ました。

10分もたたないうちにまたしても大きなラップ音が響き、どうやら幽霊の女性が「わかる人が来たから、この人になんとかしてもらおう！」と思ったようでした。

この時のラップ音は普通のピシッ！　とか、パシッ！　という音ではなくて……2つ折りの携帯（かつて大流行したものです）を閉じる音でした。パシャン！　というあの音が大音量で、しかも私の耳もとでしつこいほど繰り返し鳴るのです。無視していても、パシャン！　パシャン！　と、超うるさいです。

「あー！　モー！　うるさーーーーーーっ！」

腹が立って完全に目が覚めました。目が覚めると、胸と背中の同じ高さのところに激痛を感じ、女性が交通事故か、どこかから落ちたのか、大ケガ（骨折）をして亡くなったことを知りました。

その女性は三途の川を渡りたいのに渡れない状態だったのです。女性にあるのは、「お金を持っていないから、舟が来てくれない！」という念です。歩いて渡るには深過ぎる、服も濡れるし、お気に入りの靴がダメになる、それが絶対にイヤ、という念も強くあります。

ああ、なるほど、そういうことか……と思っている間も、パシャン！　パシャン！　としつこいです。そこで携帯を閉じる音をやめてもらい、川は自力で渡るしか方法がないことを伝えました。向こう岸に渡ったらそこは世界が違うので、服も靴も濡れていないから大丈夫であることも言いました。女性は渡る決意をしたのか、気配はスッと消え、その後少ししてお礼を伝えてきました。

三途の川を渡らなければ幽霊のまま……ということは、この川は死ぬ瞬間に出現するのではありません。臨死体験をする大半の人が行く場所なので、死ぬ瞬間、もしくは死んだ直後の世界だと思われるかもしれませんが、そうではないのです。

三途の川は「幽界から成仏する段階」で行く場所です。しかも、全員が行くのではありません。行く人と行かない人に分かれるのです。

もしも、成仏する時に川のところへ行った人は、濡れることをイヤがらずにサクサクと渡ったほうがいいです。もしくは、舟は絶対に来る！　と強く思うことです。ここは想念の世界でもありますから、強く思うことによって舟はやって来ます。222ページで説明しますが、「お金がないから舟が来てくれない」と思うことがないように、また、「渡れなかったらどうしよう」と気持ちがゆらぐことのないように、お金は持っていくことがおすすめです。

死んでも体はもとのままに見えることを知っておく

魂の緒が切れて、肉体から離れると私たちは魂という存在になります。霞のようにうっすらとした白い煙のような体になるのかな？　それとも向こうが透けて見える半透明の体になるのかな？　と思われている人がいるかもしれませんし、もう人間の形をしていなくて、小さな丸い光のようなものになるんじゃない？　と思っている人がいるかもしれません。

実は死んだあとも体は生きている時のままです。今、見えている自分の肉体とまったく同じように見えます。触ると感触もあります。透き通っているわけでも、モヤのようなほわほわした物質になっているわけでもありません。生きている時と変わらない体に見えていますから……死んだことに気がつかない人がいるわけです。

死んだことに気づかない人は、そのへんにいる人に話しかけたり、肩を叩いてみたりします。自分の感覚では生前と同じ体ですが、誰に話しかけても無視をされるし、人間の肩を叩くと手がすり抜けるため、そこで「あれ？」と思います。

何回かそれを繰り返しているうちに、なんだかおかしい……と、死んだことに気づきます。おかしいと思いつつも、死を認めなければしばらく幽霊としてさまようことになります。


魂の緒が切れる(死ぬ)瞬間は、一瞬気を失います。死ぬその瞬間まで肉体を持った人間ですから、息が止まって心臓が止まるその時は、死ぬ状態になると言いますか、肉体の機能がすべて停止します。脳波も停止しますから、肉体の終わりの瞬間はすべてが停止状態となり、一瞬、魂も気を失うわけです。この時にトンネルを通過しています。

次の瞬間は、朝、目覚めた時のような感じでフッと気づくようにして意識が戻ります。その時はすでに肉体から離れて魂になっていますが、自分で自分を見ると、体はそのままに見えるし感覚もあるので、死んだことがすぐにはわからない人がいるのです。

無宗教の人や死後の世界はないと思っている人は、体が生きている時のままですから、

「ある」イコール「まだ生きている」ということになります。本人は生きているつもりなので、自分が置かれている状況を把握しようとウロウロします。それでさまよう幽霊になるというわけです。

覚醒したまま、意識があるままであちらの世界に行けば、迷う人も少ないと思うのですが、そのようにはなっていません。ですから、フッと目覚めた時にまわりをよく観察することが大切です。普通だったら、そこに自分の遺体があるので、「ああ、死んだのだな」と気づきますが、事故などで肉体だけが救急車に乗せられてしまうと気づくのが遅れる可能性があります。

人生の最後を満喫する49日間

〈幽界〉は現実界と重なっている

自分のお葬式の間は、ずっとその場にいます。参列してくれた人にニコニコとお礼を言ったり、親しい人の手や頭を撫でていたり、家族にハグしたり、感謝の気持ちを精一杯表現していています。重たかった肉体を脱いでいますから、自分が軽くなった喜びもあります。

恨みや、無念であるという強い念を抱いたまま亡くなった人は別として、一般的に人間は死ぬと負の感情（怒り、嫉妬、傲慢、意地悪、優越感など）が、薄くなります（完全になくなる人もいます）。心配事、不安、悩みなどもキレイに消えますから、ほとんどの人はとても穏やかな優しい性格になります。

生きている時は文句ばかり言っていたお姑さんだったとしても、亡くなったら負の感情が薄くなるので、生前には見たことがないような笑顔でお嫁さんに感謝をしていたりするのです。

死んだことが自覚できない人、納得できずにいる人は、お葬式の参列者に次から次へと話しかけます。ここにいるよ、死んでないよ、と訴えるのですね。けれどこの人も、いずれはちゃんと理解して死を受け入れます。死んだ直後は死んだことを受け入れ難く思い、抵抗する人が中にはいるのです。

49日までの期間は現実界（人間界）と重なった幽界にいます。感覚としては死んだというだけで、まだこの世界にいるという感じです。亡くなった本人はこの期間（49日まで）が、今回の人生の最終的な部分であることを知っています。家族や親しかった人など、この人生で大切に思う人と触れられる近さにいることができるのは、成仏するまでの間ですから、深い愛情を持ってそばに寄り添っています。

さらに、悩みも心配事も何もない状態のため、その人のよいところばかりの性格になっています。

あるのは感謝の心のみ

不思議なのはこの悟った状態になると、残した家族や大切な人に対して「感謝のみ」になることです。生前にしてしまったことを「後悔する」とか、「謝罪する」のではなく、いろんなことに対してあたたかく感謝をしています。

たとえば、反抗期の男子高校生がいたとします。母親をウザいと思っているので日頃から態度が冷たいです。ある日、出かけようと玄関を出て少し歩いたところで、母親が家から慌てて出てきました。手には折りたたみ傘を持っています。天気予報では午後から豪雨だというので、「傘を持って行ったほうがいいよ」と渡そうとするのです。

家から少し歩いた公道ですから、誰かに見られたら恥ずかしいと思った男の子は「いらねえよ！」と母親に怒鳴って、差し出している傘を払いのけました。傘は母親の手から地面に落ちて、男の子は「あ、悪かったかな」と思います。

でも、腹が立っているので、「俺が濡れればすむ話やろ！　なんでわざわざ持ってくるねん！」と怒鳴りました。母親は黙って傘を拾い、家へと戻ります。男の子は「かわいそうなことをしたかな」と思いつつも、反抗期特有のイライラは収まりません。

この男の子がこの日に事故で亡くなったとします。死んで負の感情が薄くなった、またはなくなった男の子は、この時のことをどう思っているのかというと……。

傘を払いのけて悪かったとか、あんなふうに怒鳴らなければよかったと後悔する、または、お母さんは悲しかっただろうな、ごめんね、と謝罪をするのではありません。これらはどちらかというと負の感情だからです。

亡くなって穏やかな魂になった男の子は「お母さん、ありがとう」と思っているのです。俺のことを思って傘を持たせようとしてくれてありがとう、その愛情が嬉しい、愛情を持って育ててくれてありがとう、とたくさんの感謝をする方向でそのことをとらえています。

母親が亡くなってあちらの世界で再会した時に「傘のことはごめんね」とそこで謝るので

すが、それまでは母親に向けて愛情を持って、心からの感謝をしているのです。負の感情が希薄になるとはこういうことです。

人生の最後をこの49日で満喫します。たとえ苦しい人生、つらい人生だったとしても、その人生をやり遂げていますから満足しています。やっと終わったとホッとしている人も中にはいます。

次回、この世界に来る時は生まれ変わっているため、別人になっているのです。そのことも理解しているので、今回の人生の主役として最後を楽しみます。

49日までの間は幽霊と同じような存在ですから、物理的な現象を起こすこともできます。たとえば、物音を鳴らしたり、電気を消したりとかです。

死後の世界を信じていなかった人が、死後の世界があったことを知り、「うわ〜、これはみんなに伝えなきゃ！」という時に音を出したりするのです。死んでもここにいる、ということを知らせたいのが一番多いみたいです。お〜い、俺は死んだけど消えてなくなっていないぞ、ここにいるぞ〜、という自己主張ですね。

これで大丈夫、成仏する方法

死後迷わないために知っておくこと

死後、迷わないようにするために知っておくべきことは、自分を現実界のほうに引っ張る念を持ってはいけないということです。心残り程度の念ですら成仏が遅れます。

1人では何もできない夫を残していくことが心配だとか、認知症の妻より先に逝くことが申し訳ないとか、このような愛情から発生する「相手を想う念」でも成仏を妨げることがあります。財産をたくさん残した場合、その処分が気になるというこだわりや物質に対する未練などもそうです。

これらの念は本人と一緒に成仏界に行くわけではなく、現実界に残ります。よって、現実界から本人を引っ張ることとなり、先へ進めなくなるのです。残していくパートナーのことを心配するかもしれないという人は、生きているうちに家事を教えておくとか、認知症の配偶者がいたら施設をいくつか調べておいて、そのことを遺書に書いておくとか、また財産などの処分も生前から準備をしておくと、念を残さずにすみます。

この程度の念でも成仏が遅れるのですから、もっと波動の低い念、重たい念はさらに引っ張るので注意が必要です。

「くやしい」「憎い」などの負の感情を死んでもまだ放さない人がいます。放さないのは自分の意思です。もしかしたら、こだわるあまり捨て方がわからないのかもしれません。恨み、憎しみ、無念だと思う気持ちなど、このような念を持っていると波動が低くなるため、成仏が大幅に遅れます。遅れるだけならまだしも、あまりにも強く負の感情を持っていると、よくない幽霊になる可能性もあります。

もしも死んだあとに「くそー、あいつだけは許せない！」と思っている自分がいたら、なんとしてでもその考えを変えなければなりません。その念は無理をしてでも手放さなければいけないものなのです。

「だって、裏切られたのですよ！　簡単に許せません」という事情だったとして……たしかに信頼していた人に裏切られるのはつらいです。腹が立ちます。けれど、こだわったところで、裏切られる以前には戻れないし、裏切られた事実は消せないのです。

相手を懲《こ》らしめるのも自分がすることではありません。自分で復讐をしてしまう（祟《たた》る）と悪霊の仲間になってしまいます。

「悔しい」「許せない」という念を捨てなければ、成仏できず、苦しいのは自分です。人を平気で裏切るような極悪人のために、ひたすら苦しむのは割に合わないです。なんとか考えを変えて、ネガティブな念を捨てる努力が必要となります。

困ったら仏様に頼ろう

「そこはわかるのですが、悔しい気持ちを抑えるのは難しいです」「頑張ってみましたが、考え方が変わりません〜」となったら（死んだあとの話です）、自分の想念をコントロールできない状態ですので、仏様に頼ります。

仏様は幽霊に直接手を差し伸べることができません。波動の違い、存在する世界が違うからという理由ですが、低波動の幽霊からは高波動の仏様が見えない、ということもあります。ですから、仏様がどんなに助けてあげようとしても、仏様のほうから幽霊を救うことはできないのです。

しかし、幽霊のほうからは方法があります。たとえば薬師如来という仏様は病気を治す仏様として有名ですが、心も治してくれます。「正す」という意味ではなく、傷ついた心を癒やしてくれるのです。

どうしても感情をコントロールできない、念を捨てられない、となれば薬師如来を思い浮かべて「この念をなんとかして下さい」と言うことで救われます。幽界は薬師如来の功徳《くどく》や力が大きく響く世界です。薬師如来という仏様を〝心に描く〟その作用で念が消滅します。

幽霊になった人の頭の中には、普通、仏様はいません。それゆえ幽霊のままだと言えるのですが、成仏するために仏様に頼ればいいことがわからず、人に取り憑《つ》いてなんとかしてもらうしか方法がないと思っているのです。

実は幽霊になっても、自分でできることはあります。どうしても波動の低い念が自分を引っ張るという時は、真言を唱える、または般若心経《はんにゃしんぎょう》を唱える、南無大師遍照金剛《なむだいしへんじょうこんごう》と唱える、というふうに、仏様の言葉である真言やお経、宝号《ほうごう》を唱えるといいです。

すると、その仏様の功徳によって念が消滅します。このことは頭の片隅にちょっと置いておかれることをおすすめします。死ぬ時にどのような状況になるかわからないからです。

事故や、痛みのある病気で亡くなった場合、その激痛の印象が強く、死んだあとも痛みが残っていることがあります。死んでいるのに「痛い、痛い」と言っている幽霊が多いのです。

こちらも、もしも自分が「痛い」となっている時は、冷静に考えると痛みから解放されます。肉体はすでにないのですから、痛いわけがありません。今、これを読んでいる方は、

「そんなの言われなくてもわかりますよ〜」と思われるかもしれませんが、死んだあとでも肉体は生きていた時のままに見えます。先ほど書いたように、今の体と同じように見えるのです。

このことを知っていることはとても大事です。知らなければ、生前の体のままですから、痛いのが当たり前みたいになってしまいます。自分で自分を触ると感触もあるので、肉体がまぼろしだと気づけないのですね。

けれど、肉体はすでになくて自分は魂だけである、とわかっていたら「痛いのはおかしい」となります。そこに気づけば痛みは消えます。痛みが消えると穏やかになれますから、そこからちゃんと成仏できます。

死後の世界はあるかも？　そう思うことが大事

成仏の仕方は非常にシンプルです。「光」に向かって行く、これだけです。この光は一段上の世界（成仏界）への扉となっています。

引っ張る念がないのに成仏できなくて迷う人、幽霊になる人がいます。「まわりが暗くてよく見えない」というのがその理由です。周囲が暗いため、成仏界へ導く光が見えず、そちらへ行けないというわけです。
ここは説明が難しいのですが、亡くなった人からは3次元の世界（現実界）は見えていま
す。自分のお葬式や参列した人などもしっかり見えます。現実界はそこにいるかのようにク
リアに見えているのですが、自分が存在している世界（幽界）は暗くてよく見えないのです。
意識を自分の周囲に向けると、まわりは真っ暗で何も見えない、という人がいます。真っ暗
とまではいかなくても、薄暗くてよく見えないという人が少なくありません。
なぜ、周囲が暗いのかは人によって原因が違います。まず、無宗教の人は暗いです。死後
の世界はない、死んだら終わり、と考えている人も暗いです。生き方や考え方などに左右さ
れるのですが、原因がわからずに暗い人もいます。
死後、周囲を暗くしないためには、〝信仰〟を持つことが大切です。〝宗教〟ではありませ
ん。神様でもいいですし、仏様でもいいです。キリストでもいいです。神聖な存在がいるこ
とを〝心から信じる〟……ただそれだけで周囲は暗くなりません。
どこかの宗教組織に入るとか、洗礼を受けるとか、そんなことはしなくていいのです。人
間が作った宗教組織に入ることが大切なのではありません。神仏を心から信じる、そこが重
要なのです。ですから、神社仏閣や教会になかなか行けません、という方も問題ありません。

神仏に会う回数が大事なのではなくて、心から信じているかどうか、がポイントなのです。

心から神仏を信仰していても、死んだらそこでおしまい、と思うと周囲は暗くなります。「本気で死後の世界はないと思っています」という方は、「もしかしたら……ひょっとしたら、死後の世界はあるかも？」くらいの余裕を持つことがベストです。それだけでも全然違います。

〈成仏界〉へと導く光を探すコツ

さて、ここで、実際に自分が死んでみたら、「あらら？　なんで？　まわりが薄暗くてよく見えないんだけど～」となっていたらどうするか、です。なんだか薄暗いわぁ、程度だったら光は見えますから、慌てずにじっくり探すといいです。

しつこくてすみませんが、故人から現実界のほうは見えているのです。死後しばらくは現実界のほうにばかり意識がいくため、自分の周囲を見ることはあまりありません。いざ成仏する段階になって、「うわ、暗くてよく見えない」と気づくわけです。

ここで知っておくべきことは、光の大きさはいろいろだということです。豆粒のように、米粒のように小さくしか見えないこともありますので、ざっと周囲を見ただけで「光がない！」と焦らないようにします。

訪問介護の仕事をしていた時に、亡くなった利用者さんのお宅で、一緒に光を探したことがありました（『神様、福運を招くコツはありますか？』という本に詳細を書いています）。その時に探すコツを知ったのですが、その方の光は本当に小さかったです。米粒の大きさにも届かないくらいで、小さなゴマ粒という感じでした。でもちゃんと光として光っていますから、小さくても見えるのです。

暗闇は自分の前だけではなくて、上下左右、背後まですべて暗闇です。上も下もまわりは360度暗いです。光がどんな感じなのかわからなかった私は、漠然と探すのは時間がかかるだろうと思い、闇を見ていく大きさを決めました。はがきサイズくらいの範囲を、闇に順番に当てはめていって探したのです。

ここで難しいのは、光は近いとは限らず、遠いところかもしれない、ということです。コツとしては、大きさと距離を自分で勝手に「このくらい？」と、予想しないようにすることです。

そうやって一生懸命に探したけれど、光を見つけることができないという方もおられると思います。前述の利用者さんは私が行かなければ、49日で成仏をする時に光を見つけることができませんでした。

この方は大手企業の取締役だった方で会社の発展に尽くしていますし、人々の役に立つことも、ボランティアでたくさんされていました。決して霊格が低いわけではありませんし、信仰心も厚かったです。ただ、ものすごーく頭のよい方だったので、もしかしたら心のどこかで、死後の世界の存在を疑わしいと思っていたのかもしれません。

「どんなに探しても光を見つけることができません」「暗闇に1人ぼっちです」と途方に暮れる状態になったら、ここでも仏様に頼るといいです。般若心経を覚えている人は、心に仏様（どの仏様でもいいです）を思い浮かべながら唱える、真言を授かった人は、お不動さんの真言ならお不動さんを思い浮かべながら唱えます。空海さんを思いながら「南無大師遍照金剛」を繰り返し言ってもいいです。

般若心経、真言、宝号は、それ自体が高波動のため、その波動のパワーによって歩むべき道が照らされます。お坊さんでなくても、誰が唱えても、幽界でパワーを発揮するのです。仏様の言葉は幽界では魔法の言葉なのです。

仏様方は特別にこれらの言葉にエネルギーを注いでいます（詳細は『もっと！神仏のご縁をもらうコツ』という本に書いています）。ですから、生きている間に、般若心経を覚えておく、真言を授かっておく、空海さんにご縁をいただいておくという、この中からどれか一つは確実にしておいたほうがいいです。全部はいりません、1つだけで十分です。

真言の授かり方にはいくつか方法がありますが、お寺に行って仏様のところに書かれている真言を「仏様の前で」唱えて覚えることがおすすめです。

空海さんにご縁をもらいたい方は、空海さんの仏像が安置されているお寺に行けば、ご縁はほぼ全員がいただけると思います。空海さんはご自身でも布教をされており、人々を助けたいという気持ちが強いため、ご縁はすぐに下さいます。参拝した際に自己紹介をなるべく詳しくして、たくさんお話をすることがご縁をいただくコツです。

どうしてもお寺に行けないという方は、高野山の金剛峯寺《こんごうぶじ》に「お大師さまへの手紙」という制度があるので利用されるといいです（こちらも『もっと！神仏のご縁をもらうコツ』という本に詳しく書いています）。

ここまで準備をしておけば、光が見つからないという事態にはなりません。多くの人は49日の法要のお経をサポートとして成仏していきますが、それがなくても〝自力で〟成仏できます。仏様は心強い助っ人でもあるのです。

導きの光は成長することもある

「識子さん。私、仏教が苦手なんです。お経とか真言が好きではありません」という方もおられると思います（ちなみに幽霊になって〝祝詞〟を唱えても道は見えません。神様界と幽界の世界がまったく違うためです）。

いざ死んでみたら、覚えていたはずのお経も真言も「思いっきり忘れました。出てきません」となるかもしれません。覚えていない人も、忘れた人も、その時はどうするか、ですね。

私は2019年の7月に観光地として有名な監獄跡を訪れました。そこには神社として小さなお社がありましたが、神様はいませんでした。そばに行ってみたら、受刑者だった人の幽霊がいたので、「うわぁ、やばい」と、そこでくるりと向きを変えて境内の出口のほうに向かって歩きました。境内を出る時に鳥居のところで、つい振り返ったら……その受刑者の霊がじーっと私を見つめているのです。

私が受けた印象ではこの幽霊は凶悪犯ではなく、いい人そうだったので、無視するのも悪いかなと、会釈をしました。すると、次の瞬間、幽霊は私の隣りにいました。どうやら大正時代の人のようです。

そのあとその幽霊が私について来るのです。悪気なく、しかも得意げにそばにいるところを見ると、本人は神様になっているつもりのようでした。

「あの～？　神様には、なっておられませんよ？」と言うと、

「えええーっ！」と本気で驚いていました。

そこで、幽霊は確認のために、

「ええっ？　神様になってない？」と目を真ん丸にして私に聞くのです。

「ええ。残念ですが、なっておられません」とお答えすると、不思議がっていました。

「どうしてなっていないんだろう？」

「あの？　一度、成仏しなければなれませんが？」

「へ？　成仏？　どうやって？」

「光が見えていませんか？」

「あー、あるある！」

「そちらに向かって行かれるといいですよ」

という会話を交わしました。ここで詳しく光について聞いてみたら、「向こうのほうに大

きな光が見えている」と言うのです。

非常に興味深かったのは、この方によると、光は最初ものすごく小さかったそうです。それが徐々に大きくなっていき、今は大きな光になっている、と言っていました。

つまり、成仏界へ導く光は成長するのです。この幽霊は大正時代の人のようでしたから、昭和の初期あたりに亡くなったとすると、長い年月の間、光のほうへ行かずにいたわけです。たぶん光の向こうで待っている人々の思いや愛情が時間とともに積み重なっていき、光が成長したのだと思います。「あなたのいる場所はそこじゃないよ。早く帰っておいでよー」と。

成仏が遅れても、幽霊になったとしても、いつかはみんな、ちゃんと気づいて成仏できるということは知っていました。しかし、こんな方法（幽霊にみずから気づかせるという意味です）があることは知りませんでした。具体的にこのようなシステムになっていることを教えてくれたのが、ここにいた幽霊です。

本人の説明によりますと、この方は冤罪だったそうです。人格的にも悪い人ではなく、刑務所の中で苦しんでいる人を助けたいと言っていました。

霊格や生前の行ない、信仰の度合いによって光が違うのも事実です。人によっては、非常に明るい光だったり、巨大な光だったり、すぐそこに光があったりします。自分の周囲が明

る く照らされている人もいますし、歩いて行く道が輝いて見えるという人もいます。

49日の法要が大切な理由とは

49日の法要で、お坊さんが唱えるお経をサポートにして成仏する人が一般的です。光に向かって行くことを知らなければ、何をどうすればいいのかわからないため、ウロウロとあちこちをさまようことになり、そういった意味から言えば、49日の法要はお葬式以上に大事です。

法要でお坊さんが唱えるお経は行くべき道を照らしてくれます。ですから、光に向かって行くことを知らなくても、「あ、なんか道が見えてきた。この道を行けばいいのだな」とわかるわけです。ただ、お坊さんの格や人柄も関係してくるので、お経を唱えてもらってもお経が道を照らさないことがあります。そのような場合はさまよう幽霊になる可能性が高いというわけです。

宗教の違いによって、また、49日の法要を大事だと思っていない遺族も、法要をしないと思います。49日の法要がなくても、今この本を読んでおられる方は、ここまで説明をしてきた方法で、自力でちゃんと成仏ができます。

家族や親戚ではない、つまり、法要はしたほうがいいよと口出しができない人（友人や同僚などですね）の、49日の法要がなかったとしたら……何か自分にできることをしてあげたいと思われるのではないでしょうか。

このような時にさりげなく力になれるのが写経です。

写経は位牌がなくても、お墓に行かなくても、お寺に奉納さえすれば届く供養です。49日の法要としてサポートしたいことを「為」のところに書けば、そのように仏様が届けてくれます（「為」というのは写経の左端にある、誰のための供養なのか、何のための写経なのかを書くスペースのことです）。どこの誰から届いた供養なのかということも本人には、もちろんわかっています。お坊さんの読経ほどパワーはありませんが、この写経を助けとして成仏していく人もいるのです。

幽霊のままでいたら、成仏界という先へ進めないわけですし、お腹はすくし、のども渇きます。苦痛が残っている場合もあります。人間のサポートをしたいと思ってそばに行っても、幽霊だったら波動の低さゆえに〝障《さわ》り〟を与えてしまいます。ですから、なるべく49日で成仏させてあげるようにしたほうがいいです。

第2章 魂のコミュニティに帰る

〈成仏界〉への道

扉の向こう側には会いたかった人たちがいる

光を見つけたら、そちらに向かって歩いて行きます。幽界は現実界と重なっていると言いますか、ダブっているため、光を見つけた時点では、その人はまだ現実界のほうがメインで見えています。自分がいる幽界は意識をそちらに持っていかなければ、メインでは見えないからです。

しかし、光へと歩き始めると、すぐに現実界のほうの視界がかすんでいきます。幽界から上の世界である成仏界へと向かうので、現実の世界が遠のいていくためです。現実界がかすんで完全に見えなくなると、自分の周囲は何もない空間の人と、周囲に景色が現れる人に分かれます。

何もない空間の人は、光に近づくにつれて、周囲の明るさがどんどん増していきます。周囲が最高に明るくキラキラと輝いたところで、光源である〝扉〟に到着します。

周囲に景色が現れる人は、山や野原の大自然を見ながら光へと進みます。こちらの人は三途の川へ行く可能性があります。景色を楽しんで歩いていたら川のところに来た、となるわけです。川は先ほど書きましたように、サッサと渡るのが得策です。渡った向こう岸に光り輝く〝扉〟があります。

この扉が成仏界への入口です。観音開きの扉になっていて、この扉をそ〜っと開くと、そこには成仏界の、非常に明るく爽やかな世界が広がっています。そちらに一歩足を踏み入れると……それが〝成仏した〟ということになります。

足を踏み入れたそこは、転生から戻ってきた人を迎えるための専用の場所です。規模はベルサイユ宮殿クラスの敷地で、広い庭園があります。扉を入ると、この庭園に出るのです。足もとは石畳になっていて、中心部に円形の少し高い花壇があり、鮮やかな色をした美しい花が咲き乱れています。空は高く、澄み切った青空で、心地よい風が優しく吹いています。メインの建物の向こうは湖になっていて、庭園の中心部からも湖面が見え、景色も美しいです。

建物は大きなものが2つあって、どちらも真っ白い外観です。場所の面積はベルサイユ宮殿クラスですが、建物は日本の迎賓館《げいひんかん》に似ています。あのような感じの建物がメインとサブとで2つあります。庭園に出るので、まずは花壇や景色の美しさに「ほぉ〜」と癒やされます。

そして、そこにたくさんのお出迎えの人が待っているのです。大好きだったおじいちゃんやおばあちゃん、早くに親を亡くした人は長年会いたかった親が来ています。親しかった友人、子ども時代や学生時代に仲良しだった人、昔の気の合う同僚など、自分が「好き」だった人ばかりが待っていて、「おかえりー！」と、取り囲んでくれるのです。

みんな口々に、「お疲れさま」「よく頑張ったね」と、ねぎらいの言葉をかけてくれます。肩をたたいて褒めてくれる人もいれば、ハグしてくれる人もいます。どの人もニコニコと笑顔で愛情を示してくれます。会いたかったのは相手も同じなのです。

「親や兄弟とは絶縁状態で、仲がいい友人もいません。迎えは来ないと思います」という人も、「親や兄弟が来ても嬉しくありません」という人も、心配はいりません。あちらの世界にはソウルメイトたちがいますから、その人たちが全員で迎えに来てくれます。成仏した時に1人ぼっち、という人は絶対にいないのです。

お出迎えをしてもらって、みんなと一緒に迎賓館のような建物に入ります。広間のようなところで、迎えてくれた1人1人と積もる話をします。どの人とも話したいことが山ほどあるので、長話になってしまいますが、他のみんなは優しく待ってくれます。どの人とどんな話をしていても、全員がにこやかに、うんうんと聞いてくれるのです。

地上で頑張ったことは、小さなことでもみんな知っていますし、褒めてくれます。ここではなつかしい思い出話を楽しめて、みんなに愛されている喜びを感じることができ、嬉しくて、楽しくてたまりません。自分がヒーロー・ヒロインなのです。

心ゆくまで再会と会話を堪能します。この場所にいるのは、帰ってくることを今か今かと待ちわびてくれていた人たちです。思いっきり抱きしめてくれますし、再会の喜びで感涙してくれる人もいます。

この親しい人たちとは、このあとも会いたい時に自由に会うことができます。

お楽しみの「ご褒美タイム」

今世で縁のあった人たちと再会を楽しんだあとは、ご褒美タイムです。

つらく苦しい人生だったけれど負けずに一生懸命に生き抜いた人、自分なりに霊格を上げる努力を惜しまなかった人（どれくらいのレベルに到達しているのかという話ではなく、その努力をしたかどうかが重要なのです）、小さくても人の役に立つことをすすんでやった人などは、ここでちょっとしたご褒美が用意されています。

ちなみに、私は以前、死ぬ時にこのご褒美がもらえるのだと思っていました。『運玉』のあとがきにそう書いていますが、申し訳ございません、正しくはこの成仏界に来てからだそうです。

そのご褒美とは「タイムトラベル」です。私はこれがもう、楽しみで楽しみで仕方ありません。「どこに行こうかなぁ」と、もらえるかどうかまだわからないのに、あれこれ考えています。考えるだけでワクワクします。

自分の過去世を見に行ってもいいし、歴史上の人物を見に行くことも可能です。

キリストをもう1回見に行く（過去世で会ったことがあります）、卑弥呼よりももっと前の弥生時代にニニギさん（瓊瓊杵尊《ににぎのみこと》のモデルの人物です）を見に行く、平安時代の宮中を見に行く、空海さんと最澄さんを見に行く……など、どこに行っても楽しめそうです。

失われた大陸を見に行こうかなとも思いますし、原始の人間たちの暮らしにも興味があります。恐竜全盛期や、地球ができたばかりの頃を見るのもいいかも～と、これはきっと死ぬまであれこれ悩んでいるように思います（笑）。

タイムトラベルをエンジョイして、ふたたび迎賓館に帰ってくると（ちなみにタイムトラベルは興味がなければパスできます)、次は「反省会」です。

「あの〜? 識子さん? 死ぬ人ってたくさんいるのに、その迎賓館はいつもすいていて、必ず広間が使えるのですか? 激混みだという時もあるのでしょうか?」

という疑問を持たれた方がいらっしゃるかもしれません。

成仏界は3次元の現実界と次元が違います。ですから、ここでは「時の感覚」も違うのです。3次元は時間の流れが1本のライン状で、一方向に流れています。しかし、成仏界では何本もの時間の流れのラインがありますし、一方向ではなく、さまざまな方向へ流れています。

さらにミルフィーユのように時が重なっていますから、たとえば同じ12時でも、そのミルフィーユの違うすき間に入れば、同じ場所なのに重ならないのです。理解が難しいかもしれませんが、「時間」がまったく違うのです。

守護霊との反省会で、人生の出来事の意味を知る

反省会は広間ではなく別の部屋で行われます。その部屋は霊格がものすごく高い人でも入れるような仕組みになっている、言わば特別室です。そこに入ると、今回の人生を誕生から

死ぬまでずっと守ってくれた存在がいます。守護霊です。会ったと同時に泣けます。深い感謝の気持ちがぶわわ〜っと湧いてきて、それはどんな言葉でも表せないくらいの大きな謝意です。

人間は一生の間におバカなことをたくさんしてしまいます。よくない失敗も数多くあります。なんであんなことをしたのだろう、どうしてあんなことを言ったのだろうと、自分でも呆れてしまう行動や発言をしたりするのです。それが人間です。

自分で自分がイヤになるくらいおバカなことをしたのに、守護霊はどんな時でも、どんなに呆れることをしても嫌ったりしません。守っているその人を本当に大事に思っているのです。愛情をたくさん注いで、死ぬまでサポートし続けます。

たとえば、公衆の面前で人をひどく罵《ののし》ったとします。その人のせいでこちらが少し困った状態になったため怒りを抑えられず、わざと傷つく言葉を選んで投げつけます。相手は泣きながら一生懸命に謝っていますが、怒りに任せて許しません。周囲の人が「もうそのへんでいいんじゃない？」と制止をするほど怒鳴りつけ、臓腑をえぐるようなキツイ言葉を口にします。

本人ですら、この状況をあとから冷静に考えると、本気で自分を嫌いになるという、そんな行動です。しかし、守護霊は絶対に見捨てません。嫌ったりもしません。そのようなことを二度としないように、根気よく本人を正しい道へ導こうとします。

守護霊の努力に気づかず、また同じように人を口汚く罵ったとしたら……守護霊は本人を責めるのではなく、指導ができていない守護霊自身を責めます。そして、本人に向かって「うまく指導ができなくてすまない……」と謝るのです。

それくらい献身的に、親身になって指導をするのが守護霊です。その愛情は親の愛どころではありません。本人よりも愛しているのではないかというくらいです。

守護霊と会った時に、それらのことがすべて見えます。人生でどのようなサポートがどれだけあったのかが理解できるので、感謝の気持ちでいっぱいになるのです。何度お礼を言っても足りず、当分の間、泣きっぱなしです。守護霊はそれを優しい笑顔で黙って見ています。

気持ちの整理がついたところで、誕生から死ぬまでを振り返ります。人生の計画は、生まれる前に守護霊と相談をして決めていますから、ここでまた一緒に反省会をするのです。

魂になっているので、人間の時には見えなかったものがすべて見えています。どの出来事がカルマで、どの出来事が自分が立てた計画なのか、ここでわかります。

「ああ、そうだ、運が悪いと思っていたあの出来事は、自分が生まれる前に立てた計画だった」とか、「あの人と人生の途中で仲が悪くなったのは、こういうことだったんだ、なるほど～」と、生きている時に悩んでいたことがスッキリと解決します。いろんな意味で腑に落ちるのです。

「この時期は白紙状態にして自由にやってみよう」というところがあったり、神様に願掛けをして計画が変更されているところもあったりして、人生で起こった出来事の意味を知ることができます。

守護霊と守護霊グループ

守護霊の後ろには、専門分野でサポートをしてくれた存在たちがいます。その集団を私は「守護霊グループ」と呼んでいます。人生をメインで守ってくれるのは守護霊です。しかし、その後ろには、個別の専門部分でサポートをしてくれる存在（準守護霊と言ってもいいかと思います）たちがいるのです。この存在が担当する分野は細かく分かれていて、守護霊のように、総合的に〝人物を〟守るのではなく、その部分のみのサポートとなっています。

たとえば、職業が映画監督だったとします。監督になったのが40歳だったとしても、監督を目指した時から、人によっては生まれた時から、あちらの世界にサポートチームがいます。

よい映画を作って世界中の人々を癒やす、多くの人々に夢と希望と感動を与える……そのような映画監督にするために、本人をうまくそちらの方向に導くチームです。

映画監督となって制作した映画は、人々をリラックスさせたり、元気づけたり、生き方を変えたり、家族の大事さに気づかせたり、感動号泣させて波動を高めたり……と、いろんなよい影響を与えます。守護霊グループは本人を導きながら、結果的にそのような、本人を通じて人の役に立つ仕事をしているのです。

この守護霊グループは映画監督など、特別な職業の人だけについているのではありません。どの人にも、全員、守護霊グループがついています。職業に関する部門だけでなく、その人が他人に親切にできる性格だったら、そこを伸ばす部門がありますし、動物が好きな人だったら、何か動物の役に立つような、そんな活動をするよう導く部門があったりするのです。

守護霊グループにいる存在たちは、全員が一丸《いちがん》となって、まとまって働く（サポートする）ことはせず、たとえば先ほどの映画監督だったら、よいテーマ曲を選べるように音楽の感性をアップさせる部門、俳優の演技力をうまく引き出せるように監督力をアップさせる部門、原作が未来の話だったらそれをうまく映像化できるように想像力を豊かにする部門など、たくさんの部門に分かれています。いくつもの部門があるのです。

そして、各部門にいる準守護霊の数は、人によって違います。また、その人の「人生の進み具合」によっても、数が変わってきます。若い頃は1人しかいなかった部門だけれど、年齢を重ねるにしたがって増えていき、最終的には5人になる、ということもあるのです。サポートが1人でよいという部門もあれば、「ここは重要である」というところ、「サポートが難しい」というところには数人います。

メインの守護霊は1人きりです。生まれてから死ぬまで、一生変わりません。深い愛情を持って守ってくれます。しかし、この守護霊グループの存在たちは流動的で、入れ替わりもよくあります。守護霊みたいに愛情でつながっているのではなくて、その人間を成長させてあげよう、人の役に立つ部分をもっと引き出してあげよう、というところでつながっているからです。

日本で活躍していた時期と、大リーガーとなって世界を舞台に活躍していた時期があった野球選手を例にすると、2つの時期は守護霊グループにいる存在の数がまったく違います。サポートをする存在の格、実力なども違ってきます。舞台の大きさに合わせて、途中で入れ替わるためです。

このサポートをする存在たちは、絶対に表に出てきません。陰ながら本人をサポートする、本人を通じて社会に奉仕をするというお仕事だからです。なので、その存在に気づくことはちょっと難しいです。

成仏界での反省会はこの守護霊グループの存在たちも参加します（全員が来るのではなくて、中心となった何名かです）。

反省会はおもに守護霊とじっくり話し合いをします。人生に起こったいろんな出来事、それを一つ一つ確認していきます。出来事が起こった理由、その状況、その時の気持ちや、その後どう考えたか、どう行動したかなど、徹底的に話し合います。

反省会と言っても叱られるとか、そのような類のものではありません。合格か不合格かを決めるというような、そんな厳格なものではないので、恐れなくても大丈夫です。

本人は魂になって負の感情がない状態ですから、物事を正しく見ることができるため、自分の人生を振り返って反省の涙を流すことが多いです。言い訳をしたり、誤魔化したりということがないからです。

ここでする反省と相手に対する謝罪の気持ちは、人間だった時の何倍どころか、何十倍、何百倍にもなります。自分で自分を強く責めるため、守護霊に叱られるよりももっとつらく、苦しいものになります。もしも誰かに何か心の痛みを与えたことがあったとしたら、同じ苦痛をここで経験します。さらに、申し訳ないという気持ちが加わるので、かなりつらいです。

けれど、目的はそこではありません。そのようなことをした心の動き、その時の自分の精神状態、どうすればよかったのか、その後の人生でどう償うべきだったのか、などを守護霊と話し合います。大事なのはそちらのほうなのです。

守護霊は責めたりしません。ですから、自分で自分を必要以上に責めなければ、落ち着いて分析ができますし、反省もしっかりできます。

一つの出来事にかなりの時間を割いて結論を出しますから、人生全部の出来事を振り返るのはたいへんな作業です。けれど、これが今回の人生の総仕上げと言えます。ついでに言えば、よい行ないのほうもちゃんと分析して考えますから、こちらは守護霊にしっかりと褒めてもらえます。

人生の計画によるソウルメイトとの関係性

反省会がすむと、ソウルメイトたちとの歓喜の再会が待っています。結婚相手、人生のパートナーだけをソウルメイトと言うのではありません。たった1人を指す言葉ではないのです。

成仏界ではソウルメイトがグループ単位となっています。自分の所属するグループにいる人全員がソウルメイトです。ソウルメイトは同じ霊格の人たちであり、お互い励まし合い、助け合って、魂の道をともに歩んでいます。非常に固い絆で結ばれている仲間です。人間界でたとえるものがないくらい、信頼し合って、愛（男女間の愛よりももっと深く濃く大きいものです）があふれている関係です。

人生のパートナーはソウルメイトがいい……ということで、同じ時代に生まれるパターンが多いです。そして協力をしながら一緒に人生を歩みます。

成仏界にいた時のように魂の存在だと、ソウルメイトとケンカをすることは絶対にありません。しかし、重たい肉体をまとって、肉体に付属した負の感情も持ち、成仏界の記憶を消して生まれている人間ですから、相手がソウルメイトでもケンカをするし、相手に不満を持ったりもします。ソウルメイトだからといって、四六時中仲良しというわけではないのです。

「ということは、結婚した相手はソウルメイトなのですね？」と思われた方がおられるかもしれませんが、「違う場合もありますよ」ということをお伝えしておきます。人間は意外とソウルメイトではない相手と結婚したりするのです。

「じゃあ、離婚をしたらソウルメイトじゃなかったってことですか？」という質問には……

「いや、ソウルメイトでも計画的に離婚することもあるんですよ～」という答えになります。

世の中は複雑ですし、人間の人生も複雑です。ソウルメイト同士だったら結婚して仲良く暮らす、という単一の形だけではありません。そこにはいろいろな計画や事情があったりするのです。

同じ時代に生まれたけれど、結婚相手にはならないこともよくあります。

「何か大きなことを一緒にやろう！」とか、「世の中を変えよう！」という目的で生まれてくるパターンがあるのです。そのような目的の場合は2人でコンビを組む、または3名で、まれに4名でという人数で仕事をします。

同じ職場で働くこともありますが、ライバル会社ということもあります。歌手と作曲家とか、政治家と秘書とか、映画監督と脚本家とか、そのようなお互いを高め合う関係も多いです。ちなみにソウルメイトでも異性に生まれるとは限りません。同性のケースもあります。

「今回はちょっと困難な人生にチャレンジしてみよう」と、一方が障害を持って生まれるという難しい人生計画にすると、しっかり支えるために親子で生まれることもあります。

人生のパートナー以外で出会う場合は、いくら男女に分かれて生まれていても、恋愛関係になることはありません。ソウルメイトだから必ず恋に落ちる、というわけではないのです。加えて言えば、相手に好意を持つとも限らないです。共同で大きなことを成すという崇高な目的を持った間柄だからです。ですから、出会って目的を達成したら、そこから先は二度と会わないことも普通にあります。落ち着いた、高度な魂の仲間という感じです。

ソウルメイトと一緒に地上に降りる場合は、生まれる前に、いつどこで出会うのか、どのような関係にするのか、どんな出来事を一緒に体験するか、などを綿密に話し合います。ここでどちらかが、「このようなことをやってみたいから協力してね」とお願いをすることもあります。

一生に出会うソウルメイトの数は、多い人でもせいぜい5名程度です。出会わないと決めてきている人もいます。出会おうと計画していても、アクシデントがあったりして会えないこともまれにあります。

よくも悪くも縁があるのが輪廻メイト

ここで、知っておいたほうがいい情報をお伝えしておきます。人間にはソウルメイトと区別がつきにくい「輪廻メイト」がいます（輪廻メイトは私がつけた名称です）。

こちらはソウルメイトの仲間ではないので、成仏界でのグループは別々です。けれど、なんらかの関係があって、地上に生まれる時期や場所が同じ人たちです。関わりの強弱はその転生によって違いますが、いい意味でも悪い意味でも関係がある人のことを言います。

私を例に説明をしますと、今回の人生で、最初に結婚した男性はソウルメイトではありません。けれど何回か過去世で一緒に過ごしています。

弥生時代の人生では私の伯父でした。両親が早くに亡くなった私を育ててくれました。正確な時代はわかりませんが、彼が妻だったこともあります。その時の私は女遊びが大好きで浮気に明け暮れ、かなり傷つけました。他にも私が遊んで捨てた女性だったこともありますし、別の人生では仲のよい姉でした。

私の両親もソウルメイトではありませんが、母はバイキングの過去世では父親でしたし、父はヨーロッパの過去世でも父親でした。

このように毎回ではないのですが、なんらかの関わりがあるところに生まれているのが輪廻メイトです。前回の人生でよくしてもらったから、今度は逆にこちらがよくしてあげようとか、前回の人生で一緒にいるのがすごく楽しかったから今回も一緒にいようとか、カジュアルな目的で一緒に転生しています。過去世で助けてもらったから、今回は自分が何かのお役に立ちたいというのが、理由として一番多いです。

カルマの解消が目的であるパターンもあります。前回、王様で家来に厳しかった人は、次の転生ではその家来がひどく厳しい上司に生まれ変わっていたりするのです。過去世で憎み合った人がいたら、その人と兄弟として生まれることもあって、兄弟なのにどうしてイマイチ好きではないのだろう？　という場合はカルマの解消かもしれません。輪廻メイトにはいい関係の人も悪い関係の人もいるのです。

ソウルメイトとの再会はまさに至福の時

反省会が終わったらソウルメイトたちとの再会です。自分の魂のグループ仲間ですし、この地球上で一番信頼できる人たちであり、一番愛している人たちでもあります。地上で会った時は一生をともにするパートナー以外だと燃えるような感情は持ちませんが（そのように計画しているのです）、あちらの世界に帰ったら、ソウルメイトはどの人のことも大好きです。向こうもそうですから、この再会は至福の時です。ソウルメイトのコミュニティは、「天国」と言っても過言ではないくらい、満たされ安らげる場所なのです。

ただ、ソウルメイトは全員コミュニティに揃っているわけではありません。すでに上の世界に行った人は成仏界にはいないのです。

もしも、その時に転生していて地上で頑張っている人がいたら、その人とはすぐに会うことはできません。その人が人生を終えて、成仏界に戻ってくるのを待つことになります。待つといっても、現実界とあちらの世界は時間の感覚が違うので、人の一生なんてすぐに終わります。ですから、すぐに戻ってきます。戻ってくる時は今度はこちらがお迎えに行きます。

これはソウルメイトではない人の場合も同じです。私の祖母は生まれ変わっているので、私が死んだ時には会えないと思います。けれど、死んだ時に会えなくても、待っていればすぐに戻ってきます。

戻ってきた時の祖母の姿は生まれ変わった人物ですから、もしかしたらおじいさん姿で帰ってくるかもしれません。けれど、魂は過去世の記憶をしっかり持っているので、私と再会した時は祖母になります。転生したら前世の関係者を忘れる、なんてことはありません。なので、もしも死んだ時に会いたい人がいなかったら、戻ってくる時にお迎えに行けばいいのです。

ここまでで死後のイベントが終了となります。

本来の自分、魂をメンテナンスする

コンプレックスがキレイさっぱりなくなる！

地上に人間として生まれると、余計なものをたくさん持ってしまいます。人間として生まれたら、怒り、嫉妬、傲慢、意地悪などの負の感情がもれなくついてきます。肉体に付属しているのは食欲や性欲だけではありません。この備わった低い感情をどうコントロールするかが人生なのです。

負けず嫌いの性格で誰に対しても常に戦闘態勢、ちょっとした言葉にも過敏に反応をして言い返す……という人がいたとします。会社でも、友人にも攻撃的なところがあります。しかし、成仏界に帰れば、本来の穏やかで優しい魂に戻ります。

人間だった時にそのような性格だったのは、余計なものがたくさんついていたからなのです。一番大きいのはコンプレックスです。学歴、容姿、経済状態などが主な原因ですが、これ以外にもいろんなコンプレックスがあります。

結婚していないことを「結婚できない」というふうにとらえてコンプレックスに感じてい

る人がいますし、仕事内容で同期に負けていると感じ、それがコンプレックスになっている人もいます。

コンプレックスは劣等感ですが、これを持っていたら、そこに触れられると過剰に反応してしまい、人によっては相手を攻撃します。本人は仕組みがわかっていなくて、ただカッとしているだけだと思っています。

たとえば、誰かが自分のことを下に見ているような態度を取ったとします。「あいつ、俺のことをなめてるな〜」と思った時に猛烈に腹が立つと思います。なめた態度を取られた、イコール、バカにされたと感じるからです。どうして爆発するくらいの激怒になるのかというと、無意識に〝本人が〟コンプレックスと結びつけるからです。「俺が一流大学を出ていないからバカにしてるのか！」と。本人が気づいていない強いコンプレックスがあるためです。

しかし、死んだらこのコンプレックスがキレイさっぱりなくなります。学歴とか変えられない容姿（あちらの世界では容姿を変えられます）とかお金が存在しない世界だからです。イライラすることが一切なくなりますから、非常に楽になります。

魂のメンテナンスが必要な人はここで究極と言えるほどの、心の治療をしてもらえます。

生きている時に人に裏切られたり、傷つけられたりして、心がズタズタになった人、人生の最後まで精神的につらい思いをした人は、成仏界の専門スタッフにケアをしてもらえます。

メンテナンスをしてくれる相手は高級霊ですから、神仏に直接癒やしてもらうようなものです。一片の曇りもないほど、魂がピカピカに明るく輝くまで根気よくケアをしてくれます。心についていた傷が治ると、生まれ変わったようになります。

人間界（現実界）にいると傷つけられることが多いです。簡単に戻せないほどのダメージを受けてしまったと思っても、成仏界には優秀な治療プログラムがありますから、どうかご安心下さい。

コミュニティでの充実した日々

好きなことをして過ごすだけでいい

成仏したあとのイベントがすべて終了すると、ソウルメイトと一緒にコミュニティに帰ります。コミュニティは大自然の中にあって、普通に洋風の家が並んでいます。中心部には円形広場があり、ここでも花壇には花が咲き乱れています。周囲には山々や野原や湖、海があります。地上の景色よりもはるかに美しく素晴らしい環境なのです。

車などの乗り物はありません。なぜなら成仏界に戻ると、どの人も歩かずに移動ができるからです。少し浮いた状態でスーッと前に進めます。歩くことが好きな人はこの機能を使わずにてくてく歩いたりもしています。遠くへ行く時は、テレポート（瞬間移動）をしますから、乗り物は必要ありません。

コミュニティで暮らすと言っても、人間のように夜寝て、朝起きて、食事をして……という生活ではありません。食事も睡眠も必要ないのです。のんびりと音楽を聴いたり、書物を読んだり、散歩をしてみたり、趣味を楽しんだりして平和に過ごします。ソウルメイトたちとのおしゃべりもとても楽しいです。

聴いている音楽は成仏界の人、もしくはその上の世界の人が作曲したものであり、書物も同じで、成仏界の人かその上の世界の人が書いたものです。どちらも人間が作ったものよりもはるかに優れています。陶芸や絵画など地上と同じようにいろんな趣味を楽しむことができます。

勉強をする人もいます。成仏界に来てから、たとえば物理や天文学（学問の種類は地上より多いです）を一から学ぶという人も少なくありません。どの学問も地上よりもはるかに進んでいますから、勉強も楽しいのです。

ソウルメイトたちとお出かけをしたり、時には成仏界にある地上の様子を見られるところに行ったり、やることはそれはもうたくさんあって充実しています。

見えない世界からどのようにサポートをすれば現実界がもっとよくなるのか、自分たちにできることは何か、具体的に何をどうするか、などをソウルメイトと話し合ったりもしますし、実際にそのサポートをしに行ったりもします。

「え〜、せっかく天国に行ってリラックスできるのに？　そんなんしたくありません〜」と、人間である今はそう思うかもしれませんが、魂に戻ると崇高な自分になりますから、人のために何かをするのを喜んで行なうようになります。

現実界とつながる場所

充実した日々を穏やかに暮らしていますが、地上から生きている人に呼ばれたら、その時はそちらに顔を出します。呼ばれなくても、子どもが気になるとか、残してきたパートナーや親が心配だとか、家族や親しい人がどうしているのか気になる人は様子を見に行きます。
現実界の様子を見るためには、成仏界の中にある現実界とつながった場所に行かなければなりません。コミュニティからは地上の世界を直接見ることができないのです。リンクしていないと言いますか、重なっていないためです。

特別に現実界を見ることができる場所が地上のどこにつながっているのかというと、その本人の「お墓」と「位牌」です。ここにストレートにつながっているので、お墓と位牌にはスッと行けるわけです。成仏界と地上をつなぐパイプのようなものがある、と思ってもらえると近いです。お墓と位牌にパイプがつながっているため、そこから顔を出せますし、その場所から現実界を見ることができます。

死んだらお墓にず〜っといるわけではありませんし、仏壇の中にず〜っといるわけでもありません、ということを今までに何回か書いてきましたが、こういう理由なのです。しかし、供養をされている間は必ずそこにいます。供養とは、お墓参りがそうですし、仏壇だったらお供え物をされるとか、灯明して手を合わせられるとかです。

残してきた家族が心配で仕方がない人、家族や親しい人を守ってあげたいという気持ちが強い人は、コミュニティより仏壇にいることのほうが多いです。

どこにいて、何をするのかは自由なので、家族思いの人は仏壇から離れないこともあります。仏壇にいれば常に家族を見ていられるので、助けるべき時にスッと助けられるからです。

このように成仏をした人は成仏界と、お墓と位牌を自由に行き来できますし、自分が思うように行動ができます。負の感情がなくなり、いつも明るく爽やかな気分で過ごせます。そばにいるのは大好きな人ばかりです。大好きな人たちは向こうもこちらを大好きでいてくれます。やりたいこともたくさんあって、楽しくワクワクと忙しいです。

成仏界での生活がまさに天国なのです。

第3章
魂の輝かしい未来

魂の進路を決める時がやってきた！

希望によって4つの世界が選べる

成仏界はとても過ごしやすいところです。悩みも心配も不安もありません。いつも心が弾んでいて、幸せな状態でいられる、そのような天国です。しかし、この成仏界は魂が永久にいる場所ではありません。

魂になった私たちは人間と違って、もっと神仏に近い存在になります。自分さえよければいい、という意識は一切なくなって、人を助けてあげたい、役に立ちたい、力になりたい、そのようなことを思う高波動の存在になります。

はじめのうちはここでのんびり過ごすことが無上の喜びなのですが、だんだん物足りないと感じるようになっていきます。もちろん、ゆったりした生活を思いっきりエンジョイするのもいいです。そのための天国ですから、それはそれで悪いことではないのです。しかし、全員が「次の世界に行きたい」と思うようになります。

ここから先は個人の希望によって世界が分かれています。進路は、大きく分けて4つあります。

1　輪廻転生コース
2　高級霊界で仕事をするコース
3　神様修行コース
4　仏様修行コース

順番に説明をしていきますが、その前に、供養がいかに大切か、ということをお伝えしておきます。

私は今まで供養……とくに年忌の大切さをしつこいほど書いてきました。命日は忘れてもかまいませんし、命日の供養はしなくても特に問題はないのです。供養をすると喜ばれますが、しなくても悲しまれることはない、というその程度です。お墓参りも他の誰かが行ってお掃除をしていれば、無理して行かなくても大丈夫ですよ、とお伝えしてきました。

しかし、年忌だけは忘れないほうがいいです。

私は自分のお墓は永代供養墓（永代供養墓とは他人の遺骨と一緒に埋葬されるシステムで

す。お寺によっては何年かは個人として遺骨を管理してくれるところもあります）でいいと思っています。

息子にお墓参りをさせるのは気を遣うし、一人息子ですから、もしも海外に住んだらお墓は放置されてしまいます（私1人だけのお墓を建てた場合です）。それよりも霊園が管理してくれる永代供養墓のほうがリスクがありません。「ちょっと狭いわぁ」と思う程度でしょうか。

墓地を取材した時に、永代供養でも年忌をしてくれるお寺や、月1回の合同供養をしてくれるお寺があることを知りました。私のお墓はどちらかにお願いしようと思っています。永代供養墓に入ったら、息子や孫がお墓参りに来ないことは、たぶんまったく気にならないと思います。個人のお墓でなければ汚れていても、「あらら〜」と思うくらいです。

息子が私の位牌を持たないと決めても、これも問題ありません。近くで守ってやれないだけで、私のほうにマイナスの影響はないのです（位牌については193ページに詳しく書いています）。

けれど、年忌だけはこだわります。なぜかと言うと、年忌供養は先へ先へと進むためのサポート、言い換えれば、上へ上へといくためのレベルアップの助けになるからです。

ソウルメイトコミュニティにいて、充実した日々を楽しみながらも、この先どう進んでいくかということをどの人も考えています。どのコースを目指すのか慎重に検討しているのです。早く進路のコースに行きたくてウズウズしている人もいます。けれど、成仏界からはすぐに4つのコースのどこにも行けません。なぜなら資格が足りないからです。

そこで、どのような活動（見えない世界から行なう奉仕活動のことで、ボランティアみたいなものです）をしたら現実界がもっとよくなるのか、自分たちにできることは何か、具体的に何をどうするか、などをソウルメイトと話し合って、実際にその活動をしに行く、ということが重要となってきます。

成仏界からは奉仕活動をするための道が地上のあちこちにつながっています。世界中に、それはもう無数といえるほどの活動をする場所があるのです。そしてそこで、人間や動物、自然、環境への奉仕活動をします。大きな仕事ではなく、とても小さなものですが、この活動を繰り返し、せっせと積んでいくことによってレベルアップをし、その結果、資格を早めに得ることができます。

なるほど、霊格を上げればいいのね、と思われるかもしれませんが、ちょっと違います。霊格を上げるというのは自分自身を高めることです。善行を積む、考え方を変える、修行をする、などで自分の霊格をあげます。ここでの奉仕活動は〝純粋に〟人のため、動物のため、小さな生物や自然のためにすることです。

そもそも奉仕活動という言葉が適切ではないかもしれません。もっとこう、楽しんでするもの、自分から積極的にしてあげたい！　と思い、喜んでする支援活動です。

4つの進路コースに入るまでの時間は、ごく普通にしていれば全員同じです。人間の時間感覚で言えば亡くなってから50年後です。しかし、どのような人生を送ったのかによって、また、どれだけ奉仕活動をしたのかによって変わってきます。早めに到達する人がいるのです。

成仏界にいる魂は、ほぼ全員が早く次の世界に行きたいと思っています。次の世界に行ってやりたいことが、それはもうたくさんあるからです。「あ〜、早く行きたーい！」と希望に胸をふくらませています。

ステップアップの助けになる年忌供養

そこで、供養のお話です。年忌は仏教の供養です。地域によって、また、宗派によって一部、回忌が違いますが、どの宗派でも年忌は特別な供養となっています。

1周忌、3回忌、7回忌、13回忌、25回忌、33回忌、50回忌が私のしている年忌です。なぜこの供養をするのか……というこのお話は、僧侶の方や仏教関係者とは意見が違うと思われます。ですので、個人的見解としてお読み下さるようお願い致します。

年忌はその年月がたてば、とりあえず、レベルが上に行く位置まで進んでいるといいますか、先へ行けるステップのところにいる、ということです。う〜ん、ちょっとわかりにくいですね。

成仏界での各人のレベルは一律ではありません。どう生きたのかという部分で最初から上の位置にいる人もいます。奉仕活動をせっせとしていると、階段を登るようにレベルが上がっていきますから、ここでもレベルの差ができます。このレベルの階段の最上階に行くと、次の世界への扉があるということです。

次の世界までの階段がたとえば100段あるとします。この階段は7つのエリアに分けられます。49日から1周忌までのエリア、3回忌までのエリア、7回忌までのエリア、以後13回忌、25回忌、33回忌、50回忌までのエリアと続きます。

普通にしていれば、49日から1周忌までの階段を急がずにゆっくり登っていて（実際に階段を登るのではなくて、レベルがそのように上がっていく、という意味です）、最後の階段のところに立っているのが〝1周忌〟の命日です。奉仕活動をしなくても、回忌の年月さえたてば、自動的に一つの準備が整うわけです。あちらの世界のお約束みたいなものです。

ここで年忌の供養をもらえたら、ぴょんっと飛んで、次のエリアである、1周忌から3回忌までの階段のところに入れます。年忌供養の力はこのようにサポートをするのです。

年忌供養で必要となるのがお坊さんによる読経です。私がお墓にも位牌にもこだわらないけれど、年忌供養だけにはこだわる、とあちこちに書いているのはここに理由があります。年忌の供養は人間が考えているよりも、はるかに大きな助けとなるからです。ぐ〜んと押し上げてくれるパワーなのです。本人にすれば、飛び上がって喜ぶほど、泣いて喜ぶほど嬉しいものなのですね。

成仏界でのんびりとリラックスして過ごすことは当たり前のことですから、誰も批判したりしませんし、どう過ごすかは各自自由です。奉仕活動をしないことは悪いことではないのです。ただ、このような人にとっては年忌の供養はとても大切です。ですから、年忌だけはしてあげたほうがいいというわけです。

やりたいこともたくさんあるし、50回忌の次の世界に早く行きたい！　という人は奉仕活動を「楽しく」頑張ってレベルをあげています。

奉仕活動をすることにより、レベルがどんどんアップしますから、あっという間に50回忌手前の最後の一段のところまで登れる、というわけです。こちらのタイプの人だったら年忌供養をしなくても大丈夫ですが、してあげるとその分少し早めに行けるので、それはそれで大喜びをします。

50回忌は進むべき道を選ぶ時

50回忌手前の最後の一段にまで到達すると、次の世界への扉がそこにあります。その扉の向こう側にあるのが章の最初でご紹介した4つの進路です。ここで4つのコースのどこに進むのか……を、決めるのは自分です。

今はこの本を読んでいても「こんな感じなのかな〜」と想像する程度だと思いますが、成仏界でのレベルが一段一段と上がっていくうちに、すべてのコースの詳細が鮮明に見えてきます。そこで自分が何をしたいのか、何ができるのか、そのようなことをふまえて進路を決定します。

ありがたいことにコースは途中で変更することも可能です。太宰府天満宮では神様修行をしている人であっても、「人間だった時が面白かった、また経験したい」と、まれに輪廻転生コースに変更する人がいるそうです。せっかくそこまで頑張ってきた神様修行の実績が全部なくなるのに、です。このように途中で変更もできますから、あまりガチガチになって決めなくても大丈夫というわけです。

一番多く選ばれるのが輪廻転生コースです。つらいこともあるけれど、喜びもたくさんあるのが人生です。やり終えた時の達成感は何ものにも代え難いものであり、次はこういうことをしてみよう、こういう人生をやってみよう、と思うわけです。

次に多いのが高級霊界で仕事をするコースです。神仏修行コースはちょっとしんどい修行をしなければいけないことと、神仏になるまでの道が険しいことなどの理由で避ける人が多く、このコースを選択する人は少ないです。

さて、自分が死んだらどのコースに行くか、ですが、今からあれこれと考えていてもいいかもしれません。準備もわずかですが、できることがあります。

死んだあとで、どのような世界が待っているのか、自分はどうなって、何をするのか、また何をしたいのか……そこを意識して生きることは決して悪いことではありません。これは

魂の行き先はこうなっている

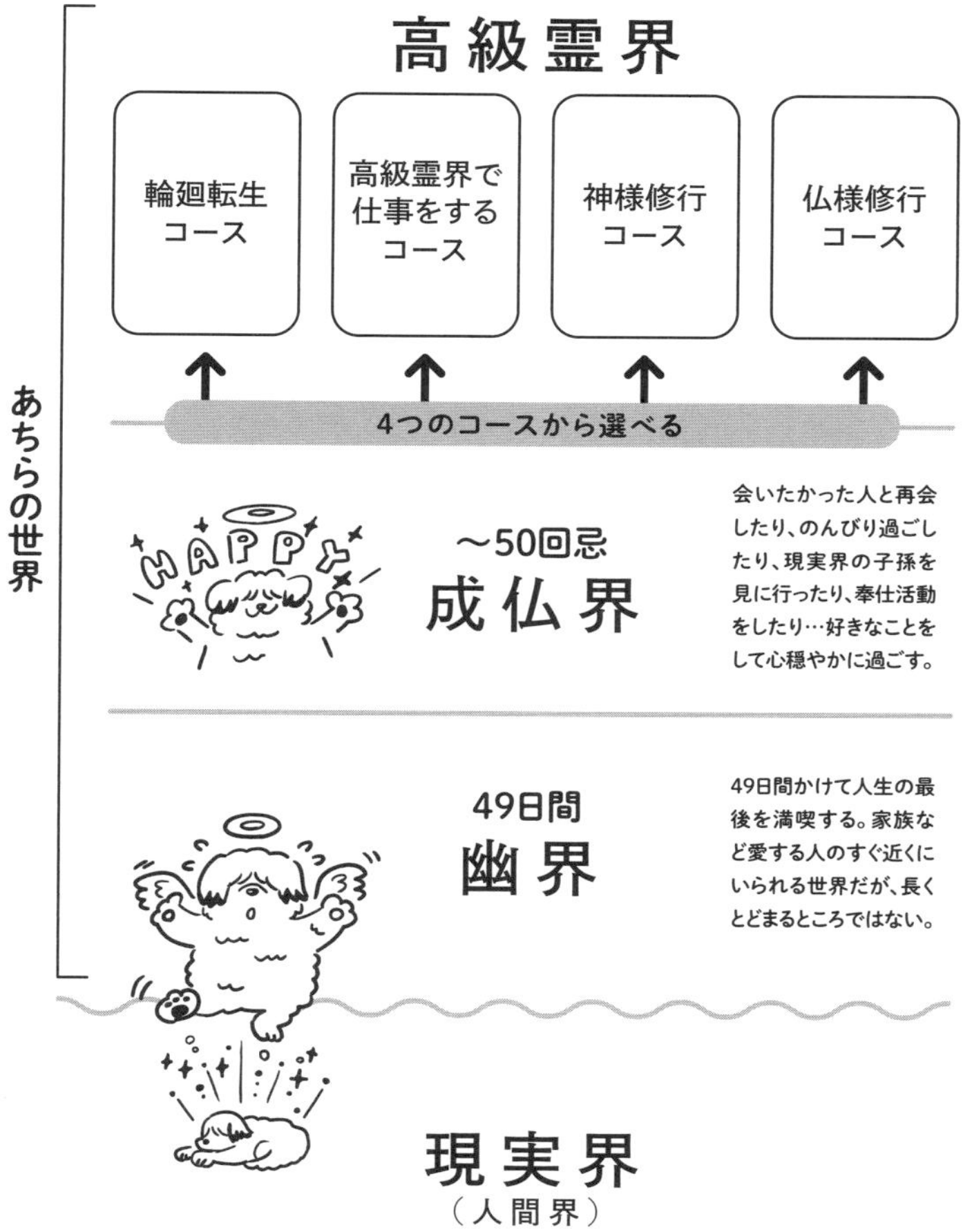

明るい未来の計画だからです。

輪廻転生コースで守護霊やソウルメイトと相談をしながら次の人生を一から作る作業はワクワクしっぱなしのとても楽しいものです。今世が病気がちの体だったら来世は健康な体を選んだり、今世が夫として、また父親として家族を養うために必死に働く人生だったら、来世はおひとりさまで自分のためだけに働く人生を選んでもいいのです。

高級霊界で仕事をするコースでも、読んでいただければおわかりになると思いますが、本当にウキウキと好きな仕事ができます。現実界では才能がなければ難しい仕事でも、あちらの世界には肉体がないので大きな才能の差がありません。「好きかどうか」があるだけなのです。自分で仕事を作ってもいいので、日々キラキラと輝いてすごせます。

「死ぬこと」は怖いことではありませんし、暗いものでもないのです（自殺を除きます。自殺は死後、怖いことが待っていますし、暗く苦しい世界です。ここに書いている明るい世界にはすぐには行けません）。

現在、苦労して生きている、しんどいめに遭っているという人は、現実界の何が、どこがよくないのかを探り出して分析しておき、死後、自分がその部分をよくする仕事をすることもできます。それは多くの人を救うことにつながります。

生きることはつらいこともありますが、いずれ寿命という終わりの時が来ます。その先は、のんびり楽しんでもいいし、世の中を変える仕事をしてもいいのです。神仏のお手伝いをすることもできます。そのために大事なのは今を一生懸命に生きることなのです。

コース❶ 心機一転の輪廻転生

次の自分を作る楽しさ

半数以上の人が転生することを希望します。

「え～！ またしんどい人生をやるの？ それは遠慮したいです～」と思うかもしれませんが、向こうに帰って、魂のケアが終われば、人生がいかに楽しかったかに気づきます。それまでのどの人生もしんどいことが多くあったけれど、でもそれ以上に楽しいことも、頑張ったと胸を張れることも、何かを成し遂げたという達成感もあった、ということを思い出します。その経験をもう1回したい！ と切望する気持ちになるのです。

次はこのような人生を送ってみようかな、とまったく違う人生を選択すれば、体験できるものが違ってきます。億万長者をやってみようとか、貧しい国で民衆のために政治を変えようとか、アメリカのブロードウェイでミュージカルスターになるとか、いろんな人生を自由に計画できます。

お金を持っていたらお社やお堂を修理してあげたい、建て直してあげたいという神社仏閣がある人は、お金を持つ人として生まれ変わってその思いを実行に移せます。現在夫や子供を支える人生を頑張っている人は、次回は自分が実業家として世界に羽ばたく選択をしてもいいのです。体験する内容を重視するため目立つ職業じゃなくてもいいと、一般人を選ぶパターンが主流ですが、たまには有名人になるのもいいと思います。

そして、次の「自分という人物」を作ること、これがとても楽しいのです。顔はとびきりの美男美女じゃなくていいけど、ちょっぴり美しめにして、気の強い性格にしよう。信仰は持ちたいから信心深くして、あ、でも、疑い深い部分が少しあったほうが騙されなくていいかな……というふうに、作り上げていきます。

頭脳明晰でまったく隙がない感じの「できる人」は過去世でやったことがあるから、もっとこう愛らしいほんわかした性格に生まれてみるとか、人づきあいに疲れた人生のあとだったら、次は1人で行動をしても心から楽しめる性格にする、などもあります。髪の毛は少し茶色にしよう、親のどちらかが外国人のところに生まれてみよう、というふうに気持ちを弾ませながら自分を作ります。怒りっぽい性格にしてそれを克服することに挑戦してみようかな～、という計画もここでします。

人生のどこに何を配置するのかも決めていきます。ソウルメイトと一緒に転生して結婚するとしたら、何歳で、どこで出会うのか、輪廻メイトは今回誰と縁を結ぶのか、人生のこのあたりでちょっと苦難を入れておこうとか、さまざまな予定を組みます。人によっては、人間として生きている自分が、その場その場で自由自在に人生を描けるように、白紙の状態にして生まれてみる……という挑戦をしたりもします。

障害を持って生まれよう、という人もいれば、短い人生にして早めに帰ってこよう、と計画する人もいます。性別、出身国、容姿、才能、どんなことをするのか、どんな出来事を体験するのかなど、こまごまと決めてもいいし、大雑把にこんな感じ～、で生まれてもいいのです。計画すること自体がワクワクする作業です。

転生の少し前になると、転生準備ができた人ばかりが待機するところがあるので、そこに行きます。

ベテランを選ぶか、新人を選ぶか

待機場所に行って一番にすることは、次の人生の守護霊を決めることです。

高級霊界で仕事をする人の、その仕事の1つが守護霊です。かなり高度な仕事なので、高級霊界に来たばかりの霊格がまだ低い人にはちょっと難しいです。少し別の仕事をして、ある程度のレベルになってから守護霊をやります。

コーディネーターのような高級霊が待機場所にいて、守護霊候補の何名かを連れて来てくれます。その方々から選びます。連れて来られた何名かの守護霊候補の人は、性格もキャリアもいろいろです。古い時代に人間だった人や、江戸時代あたりに生きていたという人、比較的新しい時代の人もいます。守護霊が初めてという人もたまにいます。

古い時代に人間だった人はすでに何回も守護霊をやっていますから、経験豊富で仕事も完璧です。ただ、守護霊という仕事に慣れているので、ある程度の失敗や、つまずき、アクシデントなどは放っておくパターンが多いです。それらは学びとなる経験でもあるからです。私の守護霊は平安時代初期の人でベテランですが、時々、高級霊界に戻っています。目を離しても大丈夫という時は離れたりすることもあるのです。

新人を選ぶメリットは至れり尽くせりの守護をしてくれることです。細かいことまで心配してくれて、どんな小さな失敗でも、失敗しそうだとなったら警告をしてくれます。若干、甘い部分がなきにしもあらずですが、頼りになります。

ただ、ベテランではないため、仕事が完璧とは言えないところもあります。霊格をこの高さまで上げようという計画だったとしても、守護をする人間が悪口大好き、意地悪大好き、というふうに生きていたら、うまく指導ができなかったりします。

少しくらい放っておかれてもいい、時々、そばにいなくてもかまわない、小さな失敗は見守るのみでも問題ない、けれど霊格をここまで上げようという計画は必ず実行したい、そこはちゃんと導いてほしい、という人は古い時代に生きていた人物、ベテランを選んだほうがいいです。

いやいや、人生はしんどいことだらけ、つらいことや悲しいこと、失敗することなどできるだけ避けたい、いちいち全部を警告してくれて、細かくサポートしてくれる守護霊がいい、今回はなるべく平穏な人生を送りたいのです、と思う人は新人クラスの守護霊を選びます。

仕事が丁寧な新人クラスの守護霊は危険な時はすべて本人の意識に働きかけてくれて、その行動をしないように、その出来事を避けるように守ってくれます。

このように自分の希望と合う守護霊をここで選びます。

守護霊と一緒に人生を計画してみよう

守護霊が決定したら、次は人生の計画を守護霊と一緒になって練ります。

前述したように、人によって計画の細かさが違います。小さなところまですべて決める人は、○歳で誰と出会って、○歳で自分の才能に気づき、大学受験は一度失敗して時間をずらして友人を1歳下の人たちにして、家を買うのはこの年齢で、大きな失敗を○歳でやってスピリチュアルに目覚めよう、というふうに、細かく設定しています。

大雑把に決める人は、大体○歳あたりで誰それと出会って、○歳くらいで一度病気を経験して深い考えを持つようにしようくらいの、本当に人生でいくつかのことを決めるだけです。

白紙の人は人生で起こる出来事をあらかじめ決めず、自分のその時の行動、考えなどで起こる出来事に対処していきます。自由に人生を作ることになります。新しい縁を結ぶ人と出会うことも楽しみの1つですから、結婚相手も白紙です。

どのような人生にするのかという部分はそれぞれ細かさが違いますが、綿密な人生計画の人も、大雑把な人も、白紙の人も、共通してしっかり決めることがあります。それは、自分がどのような人物になるかということと、環境です。

計画は本人の意思が優先され、守護霊が相談に乗る形です。その計画に沿って、では親はどのような人がよいのか、を考えます。輪廻メイトから選ぶことが多いのですが、そうではない場合も数多くあります。

たとえば、医者になって病気で苦しむ人を救おうと決めた人は、医者にならなければなりません。頭がよく生まれるための遺伝子を持つ人のところに生まれるべきで、さらに医学部にいかせてもらえる経済的余裕（環境）も必要です。

ピアニストになる計画を立てている人はピアノが必要です。ピアノを買ってくれて、幼い頃からピアノのレッスンを受けさせてくれる、ある程度音楽に理解がある家を選びたいわけです。勉強勉強とそちらに厳しくて、塾にばかり行かせるような家は避けたいし、他の希望……たとえば、信仰心のある家庭で育ちたい、なども考慮します。

母親はおっとりした人がいいとか、有名ピアニストにレッスンしてほしいから東京に生まれようとか、そういう希望をあれこれ出して、どこに生まれるのかを決めるのです。

女優になる予定だったら、美しい顔に生まれるためにその遺伝子を持つ人を親に選びます。前世が早逝だったので、次は老人を体験しよう、寿命は１００歳にしよう、となれば大きな病気にかからない家系の人を選びます。病気で苦しむ人生はすでに前回やったから、今回は病気に振りまわされない健康な体にしよう、という場合もそうです。逆もあって、学びのために病気を体験しよう、と決めている場合は、その病気の遺伝子を持った人を親に選びます。

上流階級に入る予定の人生であれば、食事マナーやしつけに厳しい親を選びます。人を裏切らないことを一生貫こう、と決意すれば、反面教師として浮気を繰り返す親のもとに生まれたりします。そこで嫌悪感を抱き、自分はああはなりたくない、と意志を強固にするためです。

このようにわかりやすいストレートな選択もあれば、そうではないものもあります。人の心をおしはかることができる人間に育ちたいと思った人が、貧乏な環境を選んだりします。物をねだる時に親の気持ちを考える癖がつくからです。大人になっても、自分がこう言えば相手はどんな気持ちになるのかを、ちゃんと考えられる人になります。貧乏が好きでその環境を選んだのではなく、その環境から学ぶものを得るために貧乏を選んでいるわけです。

目的を優先するために、あえて貧乏を選ぶこともある

環境や、生まれた自分のＤＮＡの何もかもが、親から得たいものだったというわけではありません。ここもちょっと補足しておきます。

医者になるために頭がよくて経済的余裕もある人を親として選んだ結果、顔は美形ではないかもしれません。運動神経もゼロの可能性があります。強度の近眼になるとか、髪の毛が薄くなるとか、そのような遺伝子があるかもしれません。しかし、付属品としてついてくる望まない部分を我慢しても、医者になって人々を救う計画のほうを優先するのです。

貧乏に関しても、そこから得るもの、人格によい影響を与えるものを優先して、わざわざ貧乏を選ぶ人もいれば、抜群の運動神経を得るためにそこに生まれてみたら、家が貧乏だった……という人もいます。貧乏のほうは望んでいないのだけれど、世界で活躍する選手になるためには驚異的な運動神経がどうしても必要で、両親がそれを持っているのなら、付属品の貧乏くらいは我慢しよう、となるわけです。

親を選ぶということは自分の計画した人生をやり遂げるための環境を作る、自分という人物を作る、その基礎となる部分です。親の人格と言いますか、性格が好きで選ぶということ

ももちろんありますが、純粋に好きだから、というのは少ないです。

輪廻メイトで何回か親子をやったことがあれば信頼があるので、条件さえ合えばそこに生まれることが多いです。同じ時期に生まれる輪廻メイトに最適な人がいない、となったら新しい縁を探します。

探すためには地上が見えるところに守護霊と行き、そこからいろいろな人を見て決めます。親を選ぶ時も先ほどのコーディネーターのような高級霊が参加しています。たまに高級霊からこのカップルはどうか、という提案があったりします。

それは地上で神様に子宝祈願をした人です。いろんなルートを通って、ここまで願いが届くのです。コーディネーター高級霊は親になりたい人の人生計画や性格、生まれるほうの計画もしっかり吟味したうえで、縁結びを提案してくれます。

自分で地上を見ていて、「あ！　あの人がいい！」と直感で決めることもありますし、守護霊のすすめで「この人にしよう」となるパターンもあります。いずれにしても自分で選んでいます。

守護霊はご先祖様がなるものだと思われている方がいらっしゃるかもしれませんが、そうではありません。ご先祖様限定だと、守護霊を決める前にどこに生まれるのかを決めなければばなりません。そしてその家系で守護霊をしたことがあるという人を探さなければならないのです。そのような仕組みではないことはここまでの説明でおわかりいただけたかと思います。

奉仕活動をすれば、早めに〝進級〟できる

輪廻転生コースは50回忌の向こう側の高級霊界に行ってからのことです。

「転生は50年後なのか〜、先は長いんですね」と思われた方がいらっしゃると思います。もちろんもっと早くに転生する場合もあります。

成仏界のところで階段の話にたとえてレベルアップの説明をしました。のんびりリラックスして過ごしていて、年忌だけで上がるパターンの人は50年後になると思います。奉仕活動をたくさんやった人は、年忌が来るよりももっと早く〝自力で〟次のステップに上がっていきます。そこで年忌供養をもらえたら、さらに上へ上へと行けるわけです。そのようにしてどんどんレベルアップすれば、あっという間に50回忌の扉のところに到達します。やる気次第で50回忌の向こうへ行くのが早いのです。

生きている間に徳を積むと、1周忌や3回忌などを飛び越していきなり13回忌のところ、

25回忌のところに行く人がいます。どう生きたのか、によって死後世界では飛び級という特典があるのです。

子どもの年齢で死ぬと、長く生きていない分、世俗の垢などがついていません。高齢で死ぬよりも圧倒的に清いままで霊界に帰れます。そのような場合も飛び級になります。

私の前世は特攻隊員でした。1945年に17歳の若さでお国のために亡くなったのですが、少年だったので成仏界に行くと飛び級でした。1962年に転生しているので、死後17年で生まれ変わっているのです。

このように早く生まれ変わることもできますし、待機場所で「う〜ん、あと10年待てば火星に行けそうだから、もうちょっと待とうかな」と遅らせることもできます。時期も自分で選べるのです。

50回忌が終わったところで霊格がかなり上がっていますが、輪廻転生コースの世界に入って準備をしていると、もっと高くなります。霊界にいる魂の状態から、物理の世界に行く、存在を変えるわけですから、かなりパワーアップする必要があるのです。透明になるくらいまで高まったら、いよいよ転生です。まっさらな新しい人生のスタートです。

コース❷ 高級霊界で仕事をする

ひとまずご先祖様になってみる

50回忌を終えて、あちらの世界にそのまま滞在を希望する人は高級霊界で仕事をします。職種はさまざまですから、自分がやりたい仕事が必ず見つかります。

ほとんどの人が、ひとまずこれでいこう……と思うのが、ご先祖様になることです。50回忌を過ぎると力もついていますから、子孫をそれまで以上に守ることができます。成仏界にいた時のように位牌の中から顔を出して守るのではなく、高級霊界から直接守る方式に変わります。存在自体が変わるからです。

ご先祖様としての仕事は見守ることがメインで、あれこれ細かく動くことはなく、どっしりと構えた感じで一族の子孫を守っていきます。

子孫に危険が迫っている時は助けに行き、子孫の家が繁栄するように手助けもします。大きく期待をかけた特別な子孫がいると、その人に集中してサポートすることもあります。

ご先祖様という仕事は、一族に1人だけというわけではありません。意外と昔の人物もいるのです。さらに、あとから新たに加わってくる人もいますから、多いところは、それはもうたくさんのご先祖様がいます。

そうなると、ここは他の人に任せて別のところで奉仕をしようという気持ちになり、仕事を変えます。仕事を変えることは全然悪いことではなく、そこも自由なので、変える人はけっこう多いです。ご先祖様をしばらくやって、生まれ変わりを選ぶ人もいれば、別の仕事に就く人もいます。とりあえず一旦、ご先祖様をしてみようかな、という人が多いのです。

開発や研究の仕事に就くこともできる

成仏したあと、のんびり過ごす時に音楽を聴いたり、書物を読むことはすでに書きました。聴いている音楽は成仏界の人、もしくはその上の世界の人が作曲したものであり、書物も同じで、成仏界の人かその上の世界の人が書いたものです。高級霊界で作曲家になる、作家になるのも仕事の一つです。現実界では誰かに認めてもらわなければ、どちらもなることはできませんが、高級霊界ではなりたい人がなります。

高級霊界の音楽や書物、絵画などの芸術は現実界のものよりもランクがかなり上で、その理由の一つに大作曲家だった人や大作家がたくさんいるということがあげられます。画家もそうですし、各分野すべてに生前から大御所だった人がいて、高度な作品を作っています。よって、どの分野もたいへん発展しているのです。

音楽で、たとえばポップスというジャンルがありますが、高級霊界のものは質がよくて、メロディも素晴らしく、ノリノリの楽曲ばかりです。どれを聴いても傑作で楽しめます。

小説なども、高級霊界のものはストーリーも文章も素晴らしく、読むとそのまま本の中に入り込んでしまって、自分が体験しているかのように感じるものばかりです。絵画も大迫力のパワーが込められていて、見ているだけで感動します。

このように高級霊界で作品を作る仕事があります。そして、それを現実界に伝える仕事というものがあるのです。よいものを高級霊界や成仏界だけで楽しむのではなく、この素晴らしい作品を人間たちとシェアしたい、人間にも楽しんでもらいたい、ということで「伝える仕事」を専門に頑張っている人たちがいます。

どう伝えるのかと言いますと、受け取る能力がある人にインスピレーションとして与えます。ポップスの曲を例にすると、地上でこの分野の音楽活動を頑張っているアーティストの中で、高級霊界からのインスピレーションをうまく受け取れる人を探します。

受け取れる人を見つけたら、その人間に楽曲をインスピレーションとして送ります。受け取ったほうは、「ひらめいた！」と思っていますが、実は高級霊界から選ばれて与えられたものなのです。そのような曲は大ヒットして、多くの人間を癒やします。

これは芸術に限らず、すべてのことに当てはまります。科学や医学をはじめとする学問や研究、さまざまな発明、人々の生活が便利になる商品の開発、暮らしの中のいろんなアイデアなど、それはもう、多岐にわたってたくさんのものが霊界から送られています。

これらを研究、製作、開発するほうの仕事と、出来上がった、もしくは発見したものを人間界に伝える仕事があるのです。それはもう驚くほどの種類がありますから、自分が没頭できる、やりたくて仕方がないと思えるものが必ずあります。

やりたいことがなければ自分で作ってもかまいません。たとえば、空飛ぶ車よりもっと便利で快適な小型ＵＦＯを開発してもいいですし、魂のことやスピリチュアルを学ぶ新しい学問を作ってもいいのです。世界中の人に愛される面白いゲームを作るというのも楽しそうですね。

やりがいのある、守護霊としての仕事

守護霊として仕事をする人もいます。前述しましたように、守護霊はかなり高度な仕事で

すから、まだ霊格が高くない人には少し難しいです。けれど非常にやりがいのある仕事です。新人のうちは、どうしてもうまく処理できないこともあったりしますが、2回3回とやっていくうちにコツがつかめてきますし、霊格が上がるにつれて力もついていきます。

守護する人と生まれる前にたくさんの会話を交わし、その時に、この人の一生を自分が導くのだ、この人の人生がうまくいくかどうかは自分にかかっている、上手に導いてやらなければ！　という使命感が湧いてきます。

人間として生まれると、清い魂を重たい肉体が包むため、魂の時に持っていた崇高な意志がぼやけてしまいます。悪の道に誘われてフラフラとそちらへ行ったり、自分から低い感情を発し、その感情を育てて人を憎んだり羨んだりもします。人の役に立つように生きるという計画を頑張るどころか、自分さえよければいいという生き方をしてしまうかもしれないのです。

「そのように生きる人生はイヤです」と生まれる前に、本人は守護霊に宣言をしていますから、そうならないように守護霊である自分がなんとか計画した人生のほうへ、間違った方向に行かないように、導かなければなりません。

人間として生まれるほうは、目隠しをして手探りで歩くようなものです。とても弱くて迷いやすい存在になります。そんな自分をうまく導いて下さい、頼りにしています、と守護霊を心の底から信じて、地上へと降りて行きます。

その姿を見ると、愛おしく思う……くらいの愛情ではありません。それはもう、自分自身よりもその人が大切になるほどの、深い、濃い慈愛を持ちます。なんとしてでも守らなければ！　計画通りに人生が進むよう導かなければ！　と思います。

その人が悪い方向に傾いてしまって、よくないことをしても守護霊が見放さないのは、清い魂の、本来のその人を知っているからです。自分を信頼して地上へ降りて行ったその人につきっきりで、その人とともに人生を歩みます。守護霊は高度で疲れる仕事ですが、ものすごくやりがいがある仕事なのです。

守護霊の後ろにいる準守護霊の仕事もあります。こちらは自分が得意な分野でその人を専門的に導く仕事です。映画監督の例を思い出していただければ話が早いです。準守護霊自身が持っている知識を与える……というパターンもありますが、その人のよいところを高めるお手伝いをすることが基本です。なので才能に限らず性格など、サポートする分野は人によって違います。

高級霊界でのその他の仕事は、動物を守る、虫や魚を守る、植物を守る、という仕事があ

ります し、世の中を守る仕事もあります。

現実界がうまくいくようにあらゆる場所でいろいろなことを調整するのです。たとえば、歩道橋のネジが1本外れていて、そのままにしておくと危険だとなれば、そこに気づくように人々に働きかけます。地域を総括して守っている人がいれば、物や生物をピンポイントで守っている人もいます。花がうまく咲くように、日がよく当たるように、そのような自然の部分にも関わっています。建物を例にして言えば、営繕みたいな仕事でしょうか。地上の世界がうまくまわるように奉仕をしています。

仕事の種類は想像を絶する豊富さで、すべてをご紹介することができません。よりどりみどりなのです。楽しい趣味の延長にやりがいが加わったものとなっています。職種はもちろん変更できますし、しばらくして輪廻転生コースや神仏修行コースに変えることも問題ありません。

コース❸ 神様修行で神様にお近づき

神様が大好き！ という方におすすめ

神様が大好き！　という方が読者さんの中にいらっしゃると思います。大好きな神様のおそばにいたい、もしくは神様の仕事に興味があって、お手伝いをしたいと思う人は神様修行コースへと進みます。私が著書でご紹介したことがある神様世界に行った人は、群馬県にある於菊稲荷神社の於菊さん、秋田県にある赤神神社五社堂の徐福さん、京都府北野天満宮の文子さんなどです。

生前の於菊さんは重病をお稲荷さんに治してもらっています。その後、霊能力を授かって巫女となり、お稲荷さんのご加護を人々に広めていました。生きていた時から於菊さんはこの神様（お稲荷さん）が大好きだったのです。

現在はお稲荷さんの眷属のまとめ役を任されています。でも、もとが人間ですから、稲荷神社で修行をしていても「稲荷」という神様にはなれません。稲荷の神様になれるのは神獣のキツネだけだからです。

於菊さんは後輩の眷属に次々と立場を抜かれていきます。未来永劫下働きのままですが、大好きな神様のもとで働けること、神様のそばにいられること、それだけで満足であるという女性です。

徐福さんは生前、赤神のことをとても深く信仰していました。信仰が深すぎて、「神様、好き好き、大好き！」「死んでも神様のそばにいたい！」と、神様のそばにいるようになりました。徐福さんは高貴な生まれですからおっとりしているのですが、押しかけ女房みたいな感じで神様のところにいるのです。

円仁さんに勧請されて赤神が日本に来た時に、徐福さんもくっついて来ています。現在は五社堂の参道を任されて、参拝者が来たらそばに行って話しかけたり、面倒をみたりしています。とても楽しそうに働いています。

文子さんは生前に菅原道真公の夢を見て、託宣を受けています。しかし、貧しかったため社殿を建立することができませんでした。自宅の庭に小さな祠を建てて道真公をお祀りしたのが北野天満宮の始まり……というのが通説です。

この文子さんも神様が大好きで、現在、北野天満宮内にある「文子天満宮」にいます。文子さんのところに行ってお話をすると、一緒に神社をまわってくれて案内もしてくれます。

その時に、本殿にいる神様方が大好き！　菅原道真公神様が大好き！　という気持ちがすごく伝わってくるのです。文子さんは神様になっているのですが、菅原道真公神様の眷属として楽しく生き生きと働いています。

このように神様世界に入って修行を積むと、眷属の1人として大好きな神様のもとで働くことができます。私が会った人間の眷属は、神様のそばにいられることが至上の喜びであり、そこで働けることが本当に嬉しそうでした。

眷属としてお手伝いをする人がいる一方で、さらに厳しい修行を積んで神様になる人もいます。太宰府天満宮の神様はすべて、もとは人間です。太宰府天満宮から勧請した天神社だったら（勧請の仕方、勧請をする神職さんの能力にもよります）、そこにいる神様は太宰府から来られています。太宰府で修行を重ね、立派な神様となった方が菅原道真公神様から派遣されているのです。

太宰府天満宮の眷属ももとは人間です。菅原道真公神様のそばにずっといたい、自分が主役になるのではなく、補佐をする仕事で十分だと思う人は、眷属のまま仕事を頑張っています。太宰府天満宮には神様になっている人や眷属がたくさんいますし、参拝客も多いです。そのようなにぎやかなところが好きだという人も眷属のままです。

そうではなく、自分も神様となって多くの人を助けたい、小さなお社に勧請されて1人ぼっちになってもかまわない、と思う人は修行のほうを頑張って神様になっています。神様になると太宰府から遠いところ、ものすごい田舎で参拝客もまばらである、という場所に行くことになるかもしれません。寂しく思う環境になるかもしれないのですが、自分が神様として働きたいと思う人はこちらを選びます。

他の神社でも人間の修行を受け入れてくれるところがたくさんありますから、好きな神社で、好きな神様のおそばで、頑張るといいです。

神仏修行はスカウトか自薦のどちらか

では具体的にどうすればいいのかと言いますと、まず一番簡単なのはスカウトをされることです。眷属がいない小さな神社だったら、この制度はないかもしれませんが、そこそこの大きさで眷属もいればスカウトがあります。

どこか別の神社から勧請をされた場合、その神社にいる神格が高い眷属が行くのがほとんどです。勧請先の神社がまた別の神社に勧請された……となったら、おおもとの神社の眷属が行くことになります。眷属が減ります。

もっと高度な修行をしたいと、山岳系神様のところへ志願して行く眷属もいますから、そういう意味でも眷属が減ります。

神様としても、減った眷属は補充したいわけです。神社が栄えて参拝客がどんどん増えると、願掛けを叶える仕事が増えるので眷属の増員が必要となります。

そこで神様も眷属も、神社に来た参拝客をよ〜く見ています。心根や人柄がよく、神様界に入って人々のために喜んで働きそう……という人がいたらスカウトをします。

「あ、この人はいいね」と思った人のところには、時々、眷属が様子を見に行くのです。そして、その人が亡くなったら50回忌を抜けるまで待って、スカウトをしに行くというわけです。

ちなみに『神仏のなみだ』という本の小説部分に、反省会にスカウトが来たと書いていますが、死後世界の段階を詳しく説明しないストーリーだったため、そのように設定しています。スカウトが来るのは50回忌の向こう側です。

スカウトをされたら、これはもう、たいへん名誉なことになります。神様になれる人である、と神様が保証しているからです。もちろん、スカウトは断っても問題ありませんが、スカウトされる人はめったにいないです。それくらい少ないです。

スカウトされなかったらどうするかと言いますと、自分でお願いをしに行きます。まずは志願をしたら必ず受け入れてもらえるところのご紹介ですが、これが富士山です。山岳系神様は神格が高いため眷属として志願をする場合、どこか別の神社で修行を積むのが普通です。ある程度神格を上げ、力をつけてからお願いに行くべきで、もともと力を持っている神獣ですらそのようにしています。神格が低いままで行くと、自分がものすごく苦労することになるからです。

しかし、ここ富士山は山岳系でありながら、他で修行をしていなくても受け入れてくれます。古代の人が無理を言って志願をし、見事に修行を果たして立派な神様になっているという実績のおかげです。

ただ、志願できる資格というものがあって、生前に小さくてもいいから徳を積むような善行をしていることが望ましいです。ここは難しく考える必要はありません。ちょっとでもいいから人の役に立つことをする、困っている人に手を差し伸べるなどをしていれば大丈夫です。電車で席を譲るのもそうですし、道に迷っている人に声をかけるなどもそうです。人に親切にするのも立派な善行です。誰にでもにっこりと笑顔で応対するよう心がけるだけでも違います。あとは魂が真っ黒になるような悪いことをしなければ志願する資格ができます。

無事に受け入れてもらって、そこから始める修行はその人の霊格によって最初のしんどさが違います。けれどだんだん神格が上がっていくと、差はなくなります。日本一の山での修行はやりがいがあるのではないかと思います。

富士山で修行をして神様になった古代の人は、全国にある浅間神社や勧請されたお社に富士山の神様の代理で行っています。スカウト制度がない富士山ですから、この山で修行をしたいという人は自分で生前に資格を取っておいて行くことになります。

大好きな神社に修行に行きたいのです、という人は、50回忌を超えてから自分で交渉に行きます。徐福さんみたいに「大好きだから絶対、ここにいる」というのもアリです。「好き」が理由だったら、拒否されることはまずありません。

一応どの神社も修行をする者の人数制限はないのです。神様側からすると、眷属がほしい状況ではないけれど、来るのはかまわない、増えるのはかまわないわけです。ですから、神社に行って「ここで修行をしたいです」とお願いをすれば、ほぼ大丈夫だと思われます。

神格が高い神社（山の上にあるような神社です）だったら、そこに〝行くこと〟が難しいです。まだ50回忌を超えたくらいの霊格ですから、その神域に入れるくらいまで自分の波動を上げておかなければ入ることができません。なんとか行くことはできる、というやや低めの山の神社だったとしても、行くだけでしんどいわけです。そこに滞在して、さらに修行をする……のは困難を極めます。

自分が行きたい神社が山岳系である、という場合は、どこか平地の神社にまず行って修行をし、そこで神格を上げてから行く、という方法になります。それは平地の神様に失礼では？　と思われるかもしれませんが、まったくそんなことはありません。どの神様も喜んで協力をして下さいます。

高級霊界で、ある程度仕事をして、霊格を高めてから行くという方法もありますが、こちらはもう少し時間がかかります。

裏ワザは生前予約をしておくこと

ここだけの話、亡くなったあとで自分からいきなり神社に行って「修行をさせて下さい」とお願いをするよりも、もっとよい方法があります。

「死んだあと、是非ここで修行をさせて下さい」と〝生前に〟予約をしておくのです。予約をするためには、何回かその神社に行って、神様や眷属に自分を知ってもらわなければなりません。1回きりの参拝でこのお願いをするのはちょっと図々しいからです。何回か通って、信仰心ややる気、本気度、神様への愛情を見てもらって、予約をしておきます。

そうすれば、ありがたいことにスカウトのようにお迎えが来てくれるのです。神様修行の開始が歓迎されたものとなりますから、やる気もぐーんとアップしますし、神様への忠誠心も厚くなります。

私もいくつかの神社から「死んだら来るか？」と言われています。私が特別だと言っているのではなくて、このように、ごく普通に生前の〝お誘い〟はあるのです。スカウトとまではいかなくても、来たいのなら来てもいいぞ的なお誘いです。

神様や眷属がお誘いをしていても、その声が聞こえていないだけで、生前に誘われている人は意外と多いのではないかと思います。誘われて「はい、お願いします」と答えると迎えに来てもらえます。

修行をやめて、別の道を選ぶこともできる

晴れて神様修行開始となれば、行った神社で、もしくは神様の神域で修行を始めます。最初はそこにいる眷属が何をどうすればいいのか教えてくれますから、何も心配することはあ

りません。新入社員として入社するようなものです。慣れてくれば自分でもいろいろとわかってきますから、自主的にあれこれやるようになります。

修行にも種類がたくさんあって、そこは神社や神様によって違います。しかし、どこへ行ってもまずは自分の神格を上げるところからです。これはハッキリ言ってしんどい修行です。神格が上がらなければ、お手伝いができないのでここが頑張りどころなのです。

神格が上がると、神様や眷属が願掛けを叶える時について行って学習する、簡単なお手伝いをする、ご縁を与えている人を助けに行く時に同行してそのやり方を見る、などの修行になっていきます。山岳系だったら、山で自分自身を鍛える、自分を高めるという厳しい修行もあります。

修行ですから、ラクではないことを覚悟して行かれたほうがいいです。『「山の神様」からこっそりうかがった「幸運」を呼び込むツボ』という本に書いていますが、私の祖母はわがまま放題だったため、神様のほうがギブアップをして、祖父に祖母を返しに来ました。祖母は神様修行をやめて高級霊界に戻り、その後転生していきました。こういうパターンもあるのです。

修行をやめることも自由です。神様修行が合わないとなったら、高級霊界で仕事をするほうに転職してもいいですし、生まれ変わってもいいのです。

しかし、修行を頑張れば、ゆくゆくは神様か眷属になります。多くの人を救う存在となれるのです。

コース❹ 仏様修行でやりがいを追求

助っ人として見えない世界の悪者と戦うことも

仏様の修行コースも、神様コースとほぼ同じです。「立派な仏になれそうだ」と思ってもらえたら、スカウトがあります。けれど、こちらは神様コースに比べると、かなりまれです。一般人がスカウトされることはそんなに多くありません。スカウトされやすいのはやはり僧侶です（過去世で僧侶経験がある人も含まれます）。もちろん、人格や霊格、生前の行ないなどを吟味、調査したうえでのスカウトであり、僧侶だったら誰でもいいというわけではありません。

けれど、僧侶でもスカウトはあまりないのが実情です。仏様世界の修行は、自分から志願して修行に入るのが普通だからです。生前に僧侶だった人が修行に入る、というパターンが一番多いです。

志願する場合、「この仏様のもとで修行をしたい」という仏様がいるお寺に行きます。たとえば、お不動さんだったらご本尊が不動明王のお寺です。そのお寺に行って、仏様が出てこられるのを待ちます。というのは、仏像が仏様そのものではないからです。仏像に話しかけても仏様と繋がっている道は人間用ですから、声が届きません。

法要や勤行の時に仏様が仏像から出て来ますから、そこで仏様に直接自分でお願いをします。そうすると仏様が、もしくはその眷属が何をどうすれば修行場に行けるのか教えてくれます。

仏様修行はお寺でするのではありません。その仏様本体がいる場所になります。浄土とか須弥山です。簡単に行けるところではないのです。ただ、高野山と比叡山だけは山が修行場となっていますから、高野山か比叡山に行けば別空間となっている修行場に案内してもらえます。案内が修行の仕事となっている存在がいるので、これも心配はいりません。

仏様修行も最初は自分の仏格を上げる修行からです。仏格を上げると、そこから仏様の使いっ走りのような簡単な仕事からさせてもらえます。仕事をしつつ修行も継続してやっていきます。

私は仏様になっている、もとが一般人だった人にまだ会ったことがありません。空海さんや最澄さん、円仁さんなどの有名だった僧侶は仏像を作ってもらえます。ですから、仏様になるとそこから出入りできますし、人間に直接自分を信仰してもらえます。自分からも仏様としてじかに救うことができます。活躍できます。

しかし、一般人だった人や、僧侶でも有名ではない人は、仏様になっていることが人間にはわかりません。仏像を作ってもらえないのです。つまり、仏様としてじかに信仰されることがない、というわけです。

そのような人は、空海さんのおそばで修行をして空海さんの仕事を手伝うとか、多聞天さんのおそばにいて一緒に悪いものと戦うとか、そういう仕事になります。本人が「ご本尊」として……ということはないのです。

仏様は人間の願いも叶えますが、死後の世界を管轄しているのでそちらの仕事がたくさんあります。見えない世界のダークな悪者たちと戦っているのも、仏様です。本当にあちこちで戦っていますから、その助っ人も必要です。

なので、たいへんやりがいのある世界なのですが、ご本尊になれない、表に出ない……という仏様になります。

あちらの世界へ帰ることは最後のお楽しみ

命あるいまを前向きに生きることが大切

大きく分けたら進路は3つかもしれません。生まれ変わる、高級霊界で仕事をする、神仏修行をして神仏になる、です。

人間はもうやりたくないし、働くのもイヤ、神仏修行もつらそうだから遠慮したい、成仏界での天国生活をそのまま続けたいのですが……というのもオーケーです。高級霊界に行っても仕事をしなければいいだけの話です。

仕事は強制ではありませんし、したくない人はしなくてもいいのです。死んだら（成仏したら）食事はしないし、家賃もいらないです。書物や音楽も無料です。そもそもお金がない世界なので、お金を稼ぐために仕事をするのではありません。ですから、休みたいだけ休む、遊びたいだけ遊ぶというのも問題ないです。誰も一切批判しませんし、責めることもありません。それは個人の自由だからです。

けれど、時間がたつにつれて自分が「仕事をしたい」と思うようになります。仕事の概念も現実界とは違っていて、どちらかと言うと生きがいに近いです。ですから「働く」というよりも、「ハツラツと生きたい」みたいな感覚です。高級霊界の広場にある花壇の植物を育てる、ＤＩＹをやるなど、そういう「何かをする」ことはすべて仕事なのです。

現実界にいる間は、生活をするためにお金を稼がなくてはなりません。好きな仕事をしている人は少なく、ただお金のために働いている、もしも大金が手に入ったらこの仕事はしないという人が多いと思います。

高級霊界にはお金がありませんから、本当に好きなことを仕事にします。ギターを弾くことが好きだったらギタリストになればいいのです。地上で頑張っている好きなギタリストを応援してもいいです。才能があるのに売れないギタリストを見つけて、支援をしてもいいと思います。

自分が曲を作って、地上のアーティストにインスピレーションとして渡すのもいいですし、ギター自体の新しいデザインを考えて、それを地上に渡してもいいのです。たくさんの仕事がありますから、自由に選んで自由に働けます。

生まれ変わるということも、人間である今は、「え～、つらいから人間はもういいわ」と思うかもしれません。また一から人生をやることを考えると「ないわ～」「ムリ」と思うのではないでしょうか。

しかし、死んだあと、「あ～、あれをやればよかった」「これもやればよかった」ということが次々に出てきます。もう一回生まれて、ちゃんとやりたいことをしっかりやってみようかな、と思ったりするわけです。

死んだあとに残るのは、あれがイヤだった、これがつらかった、悲しかった、苦しかったということではありません。成仏できずにさまよっている幽霊ですら、そのような愚痴は言わないのです。つらいことやイヤなことをピックアップするのは生きている人間だけなのです。亡くなってから人生を思い返して感じるのは、あれが楽しかったし、これが嬉しかったな～、面白いこともたくさんあったし、しんどいこともつらいことも経験したけれどいい人生だったな～、という満足感です。最後に心に残るのは、その人生をやり遂げた達成感なのです。「よし、もう一回やってみよう！」という気持ちになる人が多いのはこのような理由からです。

死後は決して暗いものではありません。あちらの世界は帰るべき場所、今すぐにでも帰りたい場所なのです。それを思い出すと、「早く帰りたい」「地上がつらい」と思ってしまうので、人間には生まれる前の記憶がありません。

死んだことを悔やむ、ガッカリする、死ななければよかったなどと言うご先祖様はいません。幽霊でさえ、そんなことは言いません（しつこいですが自殺は除きます。自殺した人は自殺をしなければよかったと後悔しています）。

今できる最善のことは、あちらの世界に帰ることを最終的なお楽しみとして、帰るその日まで明るく前向きに生きることなのです。

そして、今はまだ詳しい部分まで判明していませんが、高級霊界や神仏界はさらに上へ上へと、ものすごく高いレベルの世界まで続いています。見上げても上のほうは、はるか遠方で遠くにあり、かすんでいるといった感じです。私たち人間はどこまで進化をするのか……もっと上の世界のことも探究していきたいと思っています。

第4章 親しい人があちらの世界に帰ったら

親しい人を迷わせないために

亡くなった時にしてあげるべきこと

死んだあとで、自分の周囲が暗くてどこに光があるのかわからない、どうすればいいのかわからない……万が一、そうなった時のために自力で成仏する方法を第1章に書きました。この本を読んだ方はこれで成仏ができます。迷うことはありません。

しかし、皆様のご両親や親しい人は見えない世界を、心のどこかで疑っているかもしれません。まったく信じていない人もいると思います。そうなると、うまく成仏できないかもしれず、成仏するまでに無駄に時間がかかってしまいます。

成仏ができずに幽霊になった本人は不安になったり、焦ったり、無気力になったりするでしょうし、最悪の場合、助けてほしさに人に憑いてしまうこともあります。大切な人をこのような状態にさせないために、生きている私たちにできることがあります。

見えない世界の存在を信じていない人は生きている間に、考え方をちょっとだけ変えてもらうことが望ましいです。「死後の世界はない！」というところから、「もしかしたら死後の世界はあるかもしれない……」というふうに変われば全然違います。

頑なな受け入れ拒否状態から、ほんのわずかでも緩めた状態になれば、受け入れ準備がかすかにですが整うからです。「どこかに光が見えるって？　ふ〜ん」と信じていなくても、知っていればその知識に救われるのです。

けれど、そのように意識を変えることは〝自分で〟するしか方法はありません。いくら聞かせておいたところで、本人が聞く耳を持たなければ、死んだあとまで覚えていないのです。そこで、そのような考え方の人が亡くなったあとで、生きている人間ができることを書いておきます。

ほとんどの人は病気や事故で亡くなると思います。病院で亡くなる人が一番多いのではないでしょうか。それはつまり、病室で肉体と魂の緒が切れるということです。魂の緒が切れると、肉体（遺体）を運んでもその肉体に魂がついていけない場合があります。

病院だったらほとんどの人がちゃんと自宅に帰れるのですが、まれに、どうしても帰り方がわからないという人がいるのです。帰り方がわかっていない魂の本人を残して家族が帰ってしまうと、本人はしばらくそこでさまよいます。幽霊になってしまうのです。かわいそうです。

肉体が霊安室に運ばれても、その後病院から運び出されても、本人はそちらへは行かず病室か病棟にいます。自分で成仏することに気づくまで、亡くなったあとも入院患者としてウロウロしているのです。

事故の場合、事故現場で魂の緒が切れてしまったら、自宅に帰れない人がほとんどです。肉体が救急車に乗せられても、魂になった本人は肉体と一緒に乗れないのです。事故の場合は何らかの力が働いて、そのような状態になります（その仕組みは残念ながらまだわかっておりません）。

肉体がどこかに運ばれていってしまうと、亡くなった本人は何をどうすればいいのかわからないので、オロオロしています。不安な思いを抱えてそのへんをずっとさまようことになるのです。

それを防ぐには、亡くなった場所からつれて帰らなければなりません。事故現場だったら、お坊さんと一緒に行くと供養の意味も加わるため、こちらがおすすめですが、ご家族の方だけでも、迎えに行くのがたとえ１人だけでもかまいません。

現場に行って、そこで般若心経でいいので唱えてあげます（暗記をしなくても大丈夫です。経本を見ながら唱えて下さい。本書の巻末にも掲載していますので、どうぞご利用下さい）。

この時、必ず声を出して唱えます。そのあとで「一緒にうちに帰ろうね。ついてきてね」と、こちらも〝声に出して〟言います。すると、さまよっていた本人はその人について一緒に自宅に戻れます。

病院でも同じです。般若心経を声に出して唱えてあげて、「一緒に帰ろう」と声に出して言います。こうすることで亡くなった人は確実に家族と一緒に、家に帰ることができるのです。

私の祖母は霊能者でしたから、見えない世界のエキスパートと言ってもいいくらい、霊界に精通していました。いつでもどこでも自力で成仏できるであろう人だったのです。その祖母が病院で亡くなった時、祖父はお経を唱えて、「一緒に帰ろう」と言っていました。それくらいこのお経と声かけは亡くなった人にとって大切なのです。

49日の法要以外でのサポート

49日の法要も重要です。ここは大切なところなので、しつこいようですが重ねてお伝えしておきます。ほとんどの人が49日を目安に成仏していきます。

もろもろの事情で法要ができないこともあるでしょうから、その場合について書いておきます。49日の法要にお坊さんの読経がどうしても無理だというのであれば、写経をしてあげることをおすすめします。写経を奉納するお寺が近くにない、という場合は、郵送で受け付けているお寺もありますから、そちらに送ってもいいと思います。

急にお坊さんを呼べなくなりました、写経用紙も持っていませんし、お寺も近くにないんです、という時は、何もしないよりはマシかも……というのが、ご家族の方がお経を唱えてあげることです。お坊さんではない一般人が唱えますからサポートにはなりません。でも、想いは伝わります。想いが伝われば、本人も明るい気持ちになります。

お坊さんがお経を唱えたCDをかけるのも、何もしないよりはいいかも……の部類です。すでに成仏しているご先祖様は日常の供養だったら、CDのお経をとても喜びます。ただし年忌という法要ではお坊さんの生きた読経が必要なため、年忌でのCDは小さな助けにしかならず、何もしないよりはいいかも……の部類です。

49日の法要は幽界から成仏界へと存在する世界を変える、幽霊状態から位牌を通じて守れるご先祖様になる、という非常に大切な儀式です。そこに必要なのは〝生きたお経〟なのです。

CDは生きていないので、サポートにはなりませんが、癒やしにはなります。

あとは、遺骨に手を合わせて「光を探してね、見つけたらそちらに歩いて行ってね」と語りかけることです。まだ幽霊状態ですから、声に出さないと聞こえません。なるべく大きな声で言ってあげるといいです。その声が届けば光のほうへ行きます。

人によって死後の状態が違うので一概には言えないところですが、一般的に49日の法要は人間が考えるよりももっと大切なものです。

お葬式は本人が馴染んでいる宗教で行なう

宗教が違うお葬式の難しさ

多くの家は代々受け継がれてきた宗教があると思います。その宗教でお葬式をすると思いますが、同じ仏教でも宗派がいろいろとあります。宗派が違うと細かい部分が違っていますから、違う宗派でお葬式をすることはどうなのだろう？　と思っている方がいらっしゃると思います。

女性が結婚をして相手の家に入る場合、宗派が違う、もしくは宗教が違うのはよくあることです。実家は真言宗なのに婚家は天台宗である、実家は仏教なのに婚家はキリスト教である、などですね。そうなると自分のお葬式は婚家の宗教で行われるわけで、それはどうなのだろう？　と悩まれると思います。

私が初めて宗教の違いの難しさについて知ったのは、叔母のお姑さんが亡くなった時でした。そのお姑さんは晩年、叔母と同居をしていましたから、子どもの頃よく叔母の家に遊びに行っていた私はお姑さんを知っています。そんなに親しくしていたわけではありませんし、叔母はこのお姑さんに泣かされていたので、挨拶以外で親しく会話をしたことはありませんでした。けれど叔母とは親しかったので、その関係で当時住んでいた福岡から広島へお姑さんのお葬式に行きました。

そのお姑さんの49日の前日のことです。お姑さんが私の夢に現れました。お姑さんは豪奢な袈裟みたいなものを身にまとっていて、私にこのようなことを言ったのです。

自分は葬式から初七日からいろいろと手厚く供養してもらった、だからあちらの世界に行くことが出来る。でも私の母親（お姑さんの実母のことです）が、まだ寝たままでいる。

そう言って、お姑さんの実母の姿を見せてくれたのですが、たしかに白い長襦袢みたいな物を着たまま仰向けに寝ています。お姑さんは、何とかしないとこのまま寝続けて、いつまでたっても成仏ができない、と涙をポロポロ流して訴えるのです。自分はもうあちらの世界に行かなければいけないし、自分ではどうしようもできない、なんとかしてほしい、と泣きながら私に頭を下げていました。

目が覚めて母にその話をすると、母はすぐ叔母に電話をかけていました。その電話を受けた叔母は「思い当たることがある」と即座に言ったそうです。

生前、お姑さんが、自分の母親の葬儀がキリスト教式だった、と話したことがあったそうです。代々の宗教は仏教なのに、2回目に結婚した家の宗教がキリスト教だったため、お葬式はキリスト教式でしたそうです。

叔母は、それが原因だ！　とピンときたそうで、お姑さんの母親が再婚する前の宗教で供養してあげたそうです。それ以来、お姑さんは私のところに来ていないので、たぶんお姑さんの母親は無事に成仏したのだと思います。自分に馴染んだ宗教でなければ、あちらの世界に行けないこともあるのだ、とこの時に知りました。

私が思うに……お姑さんの母親は死後の世界がどういう仕組みなのか、まるでわかっていなかったのかもしれません。成仏しなければいけないことを知らず、まわりは暗闇ですから、何をどうすればいいのかわからない……。どこまで歩いて行ってもずっと暗闇だし、少しさまよったりもしたかもしれません。自分が幽霊になっていると気づいたのか、そうではないのか……。何もかもがサッパリわからないから、夫や誰か知り合いが来るまで寝て待とう、と考えたように思います。

「寝ていよう」と考えるのは、幽霊状態になった人の特徴です。護符で封じ込められた幽霊も、結界の外に出ていくことができず、「しょうがないから寝ていた」と言っていました。

死者にとってベストなお葬式とは

お葬式は馴染んだ宗教でなければいけないのか？　ということですが、死んだことを自覚しているのか、死後の世界をどれくらい知っているかによって違います。

お葬式は自分が亡くなったことを確認する儀式です。無宗教の人や、死後の世界は存在しないと考えている人は、死んだあとで肉体が生きていた時のまま見えるため、死んだことに気づかないといいますか、認めようとしません。しかし、自分のお葬式を見ることによって、自覚するわけです。ですから、お葬式は本人が葬儀として認識できるほうがいい、ということになります。

私はイスラム教もヒンズー教もまったく知りません。もしも、どちらかの宗教でお葬式をされた場合、それがお葬式なのかどうか判断ができないと思います。なんとなくお葬式っぽいけど、私はここにいるし、違うよなぁ、と考えそうです。

キリスト教のお葬式も、歌を歌ったりするし、あれ？　お葬式？　でもお坊さんが来てないし、読経もないしな～、と思うのではないでしょうか。本人が「これは葬儀である」と気づける宗教が一番なのです。

自分が心に持っている宗教と違う宗教でお葬式をしたから成仏できない、ということはありません。お葬式をされなくても成仏できる人は成仏します。ただ、まだ霊的にひらけていない人はお葬式は大事な死亡確認の儀式になりますから、わかりやすいものがよいというわけです。

代々、仏教なのだけれど本人が最近、キリスト教に改宗した……という場合、どちらのお葬式に多く参列したことがあるのか、で判断したほうがいいです。改宗をしてもまだキリスト教のお葬式に参列したことがないのであれば、家の宗教である仏教式でしたほうが確実です。

納骨は49日までにしてあげよう

納骨しないと成仏界に入れない…

いただく質問で多いのが納骨についてです。納骨をするタイミングでベストなのは成仏をする49日です。49日を過ぎたら1日でも早く納骨してあげたほうがいいです。故人のために、です。

『運玉』という本に、納骨をしないということは「仏の道を歩む準備ができているのに、そこから先へ進めない状態」であると書きましたが、もっと正確に言うと、納骨をしなければ成仏界に入れない状態です。死んだ時のままですから、成仏界での天国のような喜びを体験できません。成仏の一歩手前なのです。一歩手前なのに地上にいる……という中途半端な存在です。さまよう幽霊にはなりませんが、本人にすればけっこうつらい状況です。

お墓に1人ぼっちでいるなんてかわいそう、みんなと一緒に家にいるほうが楽しいと思う、という残されたご家族のお気持ちは痛いほどわかります。どれほど故人を愛しているのかも伝わってきます。

しかし、ここまで書いてきたように、人間は亡くなったら進むべきところがあるのです。亡くなって49日間ほど、最後の時を地上で満喫したら、成仏界へ行くのが当たり前なのですね。上に行かず地上に残るのは幽霊と、悪霊の仲間になる魂だけなのです。

亡くなった人がずっとお墓にいるのではないことも、この本でおわかりいただけたと思います。暗い土の下に1人ぼっちということはありえませんので、ご安心下さい。

納骨をしたところで本人は成仏界に入ります。もしも納骨が遅れていたら、そこから遅れを取り戻さなければなりません。すでにそこまでに何回か年忌が終わっていたら、強力なサポートがその分もらえないことになります。それはかなりの痛手になる人もいるので、できれば早めにしてあげたほうがいいと思います。

お墓がまだ用意できないとか、そのような事情があるお宅は故人もわかっています。わかっていたとしても、成仏を辛抱してもらっているのですから「ありがとう」と言っておくことがおすすめです。その言葉で亡くなった人は満足して我慢をしてくれます。

最近は遺骨をペンダントにして身につける、ダイヤに加工して指輪にするというサービスがあるそうです。これも気持ちはすごくよくわかります。ずっと一緒にいたいという愛情からですが……形を変えているだけで、遺骨を1つ、いつも手に持っていることと原理は同じです。

遺骨というのは焼却しているからといって、ただの物質になったわけではなく、遺体の一部です。遺体の一部を常に身につけているのは……ご自身の波動的によくないです。いくら愛する人のものであっても、その愛する人が自分のことを愛していても、遺体の一部に変わりはありません。

故人にとっては遺骨は納骨されるべきものです。遺骨をそばに置いているとその人が喜ぶのかというと、それは違いますので、これは本当におすすめできません。

散骨は本人が顔を出すお墓がないというだけで、納骨方法としてはいいと思います。海がお墓になるわけではないので、海に行って話しかけても故人には届かないです。ですので、お話は位牌にすることになります。

亡くなった本人からすると自然にかえることができるので、散骨は喜ぶ人のほうが多いと思います（散骨は全部することがおすすめです。分けてしまうと散骨の意味がなくなるからです）。

親しい人が喜ぶお供え物とは

生花だけが持つ供養パワーがある

幽霊はノドが渇いていますから、水を飲みたがります。日が暮れると、川などの水辺に行って飲んだりしています。同じようにお腹もすいていますから、食べ物も欲しがります。でもそれは幽霊だけです。

成仏をすると存在自体が変わりますから、空腹を感じることはありません。基本、食べ物も飲み物も何もお供えしなくてもまったく問題ありません。成仏した人がお供え物を「欲しがる」ことはないのです。ですから、何かお供えしないとお腹がすいているのでは？　と考えなくてていいのですね。

これは神仏も同じです。ノドが渇いているわけでも、お腹がすいているわけでもありません。では、お供え物は無駄なのかというとそうではないのです。お腹はすいていませんが、お供えをされればそれを召し上がっています。

美味しいものは美味しいと感じるのですごく喜ばれるのです。眷属などはお供え物にお酒があったりすると、それで宴会をしたりもします。神仏に量は関係ないので、小さなカップに入ったお酒でも全員に行きわたります。お供え物をして差し上げようという参拝者の信仰心が神仏にとっては一番嬉しいわけです。

成仏したご先祖様もお供え物をされなくても怒ったり悲しんだりしません。けれど、してもらえたら喜びます。先ほど書いたように美味しいものは美味しいからです。それでリラックスしますし、お供え物は供養の一種ですから、段階を上がっていくサポートにもなるわけです。何重にも嬉しいプレゼントとなります。

そのお供え物ですが、故人へのお供え物はその人が好きだったものが一番喜ばれます。お菓子でもお料理でもそうですし、タバコを吸っていた人は火をつけたタバコをお供えされるとものすごく喜びます。お酒が好きだった人は好きなお酒をお供えされたら上機嫌で飲酒しています。

食べ物ではない、植物もお供え物として効果があります。お墓はシキミ、仏壇は小菊、というのが私の生まれ故郷での一般的な植物のお供え物です。父方のお墓と母方のお墓は距離的にはかなり離れていますが、どちらの墓地でもお花はほぼ見かけません。地域的に、墓前にはシキミをお供えする、となっていて、お店もシキミをたくさん置いています。

ご存じの方も多いと思いますが、密教ではシキミが重宝されています。日本では青蓮華《しょうれんげ》という、仏様の目にたとえられる植物（経典にもよく出てくるそうです）が手に入らなかったため、空海さんが密教修法を行なう時にシキミで代用したそうです。それでシキミは仏花となったらしいです。

仏教的に尊い意味がある植物なのですが、どちらかというとシキミのような「葉っぱ」よりもお花のほうが故人には喜ばれます。なぜかと言いますと、生花には特殊な「供養パワー」があるからです。お花だけが持つ供養のパワーです。

生花は成仏界でのレベルアップを特殊供養パワーでお手伝いする、そっと故人を支えてあげるというサポートをします。その力はお坊さんの読経ほど、大きくてハッキリとした強いものではありません。また、写経ほど濃いものでもありません。

しかし、ほんわかとした優し～いまろやかなパワーなので、もらった故人は穏やかな喜びに包まれます。お墓でも仏壇でも生花をお供えすると、ご先祖様はほっこりするのです。

お花の供養パワーを送るのは生花に限ります。枯れることがないプリザーブドフラワーは長期間取り替えなくていいし、いつまでもキレイだという、とても便利なものです。けれど、残念ながら供養パワーは持っておりません。

ですから、プリザーブドフラワーを仏壇に飾っているというお宅はたまにでいいので、生花をお供えすることをおすすめします。高価な花束でなくても、たとえば野に咲くレンゲでも、生花は供養パワーを持っています。

仏壇のお花は「ご先祖様側から見ると」、仏壇内のインテリア、飾りではないのですね。息子や娘、孫や子孫にお供えしてもらう〝お供え物〟なのです。

位牌が2つなら、お供え物も2つ必要？

お供え物の基本として、個包装になっている和菓子などは袋を開封して、食べられるようにしてからお供えをします。パックで買ったお寿司やお刺身だったらパックのフタを取って、こちらも食べられるようにしてからお供えをします。ジュースなどは缶を開けて、またはペットボトルのキャップを取って、飲めるようにしてからお供えをします。

お箸でしか食べられないものをお供えする時に、お箸も一緒にお供えするのだろうか……と悩まれる方がいらっしゃるかもしれません。「おうどんをお供えしたいのですが、お箸も一緒にお供えするのでしょうか」という質問をいただいたこともあります。

結論から言いますと、お箸はいらないです。私の祖父母の家では、お盆におそうめんをお供えしていました。にゅうめんにしたものと、ゆでてつゆをかけた冷やしそうめんを交互にお供えしていたのです。

当時、子どもだった私は、「さすがにおそうめんはお箸がいるのでは？」と思い、祖父母に聞いたことがあります。いらないということをそこで教わりましたが、大人になって自分でわかるようになるまで、「ご先祖様が食べにくいのでは？」と思っていました。ご先祖様は人間と違って、お供えされた〝物質〟をちゅるちゅると食べるのではないため、お箸はいらないのです。

ちなみに神様も同じです。お刺身をお供えしても、お箸は必要ありません（ついでに言えば、おしょうゆもいらないです）。

果物をお供えする時、リンゴやイチゴなどはそのまま食べられるのでいいとしても、皮をむかなければいけないもの……たとえばバナナやメロンなどは、丸のままお供えしてもいいのかしら？　と悩まれるでしょうが、こちらも物質の果物をガリガリと食べるわけではないので、大丈夫です。バナナは皮ごと、メロンは丸のままお供えして下さい。もちろん、切ってもいいので、お供えする人の好みの問題になるかと思います（これは神様にも言えますが、お供え物に包丁を使うことはまったく問題ありません)。

位牌が2つ入っている仏壇の場合、すべてのお供え物を2個ずつお供えするの？　と思われるかもしれませんが、「お茶」と「ご飯」を位牌の数だけ用意すればオーケーです。その他の果物やお菓子、おかずのようなお料理は1つで問題ありません。

お饅頭や、たとえばですが、栗の実1個などは分けられないので位牌の数だけいるのかというと、そうではありません。お茶とご飯以外はどんなに小さなものでも1個でいいのです。もちろん位牌の数だけお供えしてもいいと思います。

ついでに言っておきますと、神棚も同じです。「お塩」と「お神酒」(お水やご飯をお供えするお宅はお水とご飯もです)は、神様の数だけお供えします。しかし、その他の果物や野菜、鯛などのお供え物は1つで十分です。仲良く分けておられるので足りたかどうかを心配しなくても大丈夫です。

お盆は年に一度のおもてなしをしよう

しっかりとした〝実体〟をもってやってくる

お盆は故人が家に戻ってきます。

「え？　時々、仏壇にいるって書いてあるけど、仏壇にいる時は家にいるんじゃないの？」と思われるかもしれませんが、ご先祖様（亡くなったご両親とか家族の人を全部含めてこう書いています）のいる場所は仏壇の中ではありません。

成仏して成仏界にいるわけですから、仏壇・位牌は顔を出す場所です。ですから、家に存在しているわけではないのです。故人は成仏界というところから子孫を見守っています。

年に1回、お盆だけは成仏界からこちらの現実界に戻ってくることができます。亡くなってから49日までの間は、故人が触れられる距離でそばにいるとお伝えしましたが、戻ってくるというのはこの時と同じです。戻ってくるご先祖様は雲か霞のようにふわふわといるのではなくて、しっかりとした存在で家の中に〝いる〟のです。

お盆だからといって全部の人が戻って来るわけではありません。50回忌の向こう側、高級霊界に進んだ魂は戻ってきません。生前の人物として、その人物がいたところに戻る、という段階を超えているからです。親しい家族が地上に誰もいないという人、帰る家がないという人も戻ってきません。それ以外の人は毎年、お盆を楽しみにしていて、喜んで戻ってこられます。

お盆は地域によって日にちが違いますし、もろもろの作法なども全然違います。ですので、お盆のお供え物やお供えの仕方は、地域のやり方か、もしくはご自分の宗派のやり方でいいと思います。何かの参考になるかもしれないので、一応、私のやり方を書いておきます。

お迎え団子を作り、玄関を少し開けておく

お盆は8月13、14、15日の3日間です（地域によって違います）。魂が戻ってくるのは、8月13日の〝日が暮れてから〟になります。明るいうちはご先祖様の移動はありません。

お迎えの準備として、買ってきた果物やお菓子などを13日の夕方までに仏壇にお供えしておきます。お墓が近ければ、13日の明るいうちにお墓参りをします。今日の夜、戻ってくるのを楽しみに待っていますよ、ということをお伝えすると、供養としてより丁寧になります。

完全に日が暮れてから、お迎え団子の準備をします。お団子は購入したものではなく、白

玉粉で作ります（ちゃんと茹でます）。量は小さなものを5～6個程度で十分です。そのうえにゆであずきなどをちょっと載せるだけでオーケーです。作ってもまだ仏壇にはお供えしません。

それから〝玄関〟をほんの少し開けます（窓ではありません。窓は幽霊にしか使いません）。玄関に網戸があるお宅はその間だけ網戸も開けておきます。季節的に蚊が入ったりするでしょうから、蚊取り線香を焚くなどの工夫をされて下さい。隙間は30センチ程度で十分です。時間は5分くらいでしょうか。その間にご先祖様が家の中に入ってきます。

なぜ、この時間に玄関を開けていることがご先祖様にわかるのかと言いますと、ご先祖様はお盆をとても楽しみにしていますから、仏壇から家の中を見て待っているのです。夜になって、誰かが玄関の扉を開けに行ったのを見ると、急いで現実界に降りて来ます。ですから、何時という時間の決まりはありません。午前0時までだったら何時でもかまわないのです。

今まで玄関を開けて迎え入れたことがなかったというお宅があると思います。そのようなお宅では、家族の誰かが帰宅した時に一緒にスッと入っています。玄関を開ける習慣がないことを知っているので、自分で工夫をして入るわけです。

この場合、ご先祖様は日が暮れてから早々に地上に降りてきて、誰かが帰宅するまでの間、玄関のところでじ～っと待っています。日が暮れてから誰も帰宅をしない、玄関が開かない、という時は、翌日までそのまま玄関先で待っています。ちょっとお気の毒な状態なのです。ですから、できればお迎えしてあげることがおすすめです。

玄関を5分ほど開けてご先祖様が入ってきたら（必ず入ってきます）、玄関を閉め、さきほど作っておいた白玉団子と熱いお茶をお供えします。果物やお菓子はお供えしてある状態ですから、そのままです。

仏壇のロウソクに火を灯し、お線香を焚いて、それから手を合わせます。般若心経などを唱えると喜ばれますし、戻ってきたことを歓迎している気持ちが大きく伝わります。ＣＤをかけてもニコニコと嬉しそうにしています。この日はこれでおしまいです。

ご先祖様がお土産を持ち帰りたい理由とは

14日と15日はそれぞれお供え物をします。普通は午前中にお供えするべきなのですが、お盆の期間はご先祖様が地上に来ているので時間は関係ないです。できる時にするといいです。

おそうめんや煮物のようなお料理、ご飯はその日限りのお供え物です。個包装を開けたお菓子もその日限りですし、お茶などの飲み物もそうです。14日と15日にお供えしたものは、仏壇から下ろしたあといただきます。

果物は悪くなっていなければ3日間通してお供えしたままでも問題ないです。スイカなど切ってお供えした場合はその日限りです。人間が食べるのと同じです。悪くなるものはその日限りのお供え物となりますから、傷む前に下ろします。

私も弟も、お盆のお供え物だけは「食べてはダメ」と言われて育ちました。普段は「ご先祖様、1個ください」と手を合わせれば、何をもらってもいいのに、お盆だけはどうしていけないのだろう？　と、不思議でした。

お盆のお供え物はご先祖様が帰る時に、お土産として持って帰る、それで手をつけてはいけないのだと祖父母に教わりました。

成仏界にいるご先祖様にとって、お盆は地上に戻れる楽しいイベントです。どの人もワクワクしてこの日を待っています。しかし、お盆になっても戻る家がない人、家に戻っても息子や娘がいない、孫もいないというふうに親しい家族がいない人は成仏界でしょんぼりしています。

戻れる家がある人は美味しいものをお供えしてもらって、家族とともに楽しく過ごし、満足して成仏界に帰ります。しかし、戻る場所がない人はそのような楽しい思いをすることができません。地上で楽しく過ごしてきた人を見て、「いいなぁ」と自分の状況をちょっと寂しく思ったりするわけです。

地上で楽しんできた人たちは、戻る場所がない人たちに、「少しでも何かしてあげたい」「自分が楽しんできたように、ちょっとでも楽しんでもらいたい」と思います。成仏していますから、人を思いやる心が深いのです。

それでお土産を持って帰りたがります。持って帰ったお土産を、地上に戻れなかった人たちに渡すと、それはもう、ものすごく喜ばれるそうです。私の父方の祖父が「できればたくさんのお土産を持って帰ってあげたい」と言っていたので、帰る日のお供え物は量がすごかったです。

お土産用のお供え物は食べない

ご先祖様が帰るのは8月16日の夜です。こちらも日が暮れてからのことになります。お土産に持って帰ってもらうお供え物は16日にお供えをします。

お土産用（16日にお供えしたもの）は人間が食べてはいけません。たとえばバナナが3本お供えされていて、そのうちの1本をもらう……残りの2本は皮をむいていないからいいんじゃない？　と思われるかもしれませんが、それは3本の量のものを1本分食べたことになります。そのような場合は、お供えする時に最初から2本にしておきます。お土産用のお供え物には手をつけてはいけません。

お菓子が5個お供えされていて、1個だけ下ろして食べた……5個の中のたった1個を食べただけ、残り4個もあれば十分な量なのでは？　というか、残りの4個はさわってもいないです、と思うかもしれませんが、仕組みが現実世界とあちらの世界では違うのです。

16日にお饅頭など5個お供えしたうちの、小さな1個でも人間が食べてしまうと、その回のお盆のお供え物は〝すべて〟持ち帰れない、となります。お盆のお供え物は個別に考えるのではなくて、全部がセットになっているのです。ややこしいですね。ですから、お饅頭は食べたけれど、いなり寿司はさわってもいない。いなり寿司だけでも持って帰れるのでは？と思うかもしれませんが、ブーなのです。

仮にうっかり食べたとしても、ご先祖様は怒ったりしませんが、あちらの世界で楽しみに待っている人のことを思って、ちょっとがっかりするかもしれません。

ご先祖様（両親や祖父母を含みます）にお土産を持たせてあげたい、という方はご先祖様が持って帰れるように「流して」あげなければなりません。これをしなければ、ご先祖様はあちらの世界にお土産を持って帰ることができません。

この「流すお見送り」は幅が広くて深い川が近所にあるか、海に近いところでなければできないです。16日の完全に日が暮れた〝夜〟に、紙の箱にお供え物を全部載せて、もちろん仏花も載せ、線香も載せて、川か海に流すのです。すると、ご先祖様もこの箱と一緒に、川か海かの流れにのって、あちらの世界に帰って行きます。

「流すお見送り」に大切な2つのルール

ただ、この流すお見送りには2つのルールがあります。

1つめは「線香が燃え尽きる前に流す」ということです。箱に入れる作業をする前に、仏壇のロウソクと線香に火を灯し、手を合わせます。できれば般若心経を唱えて、最後に「今から流しに行きますね」と言っておきます。

手を合わせ終えたらロウソクを消して、お供え物を箱にさくさく入れていきます。お土産に持たせる場合は、お供え物を仏壇に残してはいけません。箱に入らないからこれは入れなくていいか、と残してはいけないのです（お茶などの水ものだけは別です）。箱にお供え物をすべて入れ、仏花も端っこに入れます。

ちょうどすべてが入るくらいの箱を数日前から用意しておいたほうがいいです。箱は菓子折りのものを使うことが多いです。箱の中にはお供え物をまっすぐ丁寧に置く必要はありません。物質そのものを持って帰るわけではありませんから、重ねて置いたり、少々ぐちゃぐちゃになっても問題ないのです。

箱に入れる時は、お饅頭などの包みは全部はがします。袋入りのお菓子なども、少し開けていたとしても袋のまま流すのではなく中身だけを流します。煮物などのお料理は、お皿から中身だけを箱に移します。

最後に火がついている線香を仏壇の香炉から取って、一緒に持って出ます。ここからは、家の前が川や海でない限り、時間との戦いです。線香も箱に入れて流さなければいけないからです。

火が消えてしまったらお持ち帰りができませんから、線香が燃え尽きるまでに、車で（もしくは自転車で、徒歩で）移動出来るところに川か海があるかどうかで、流してあげられるかどうかが決まる、ということになります。

川か海に着いたらお線香も箱に入れて（箱にじかに置くと燃える可能性があるので、果物の上に置くなどの工夫をします）、箱をそっと水面に浮かべてあげると、それでご先祖様はたくさんのお土産とともに帰っていきます。

ちなみに、そ〜っと水に浮かべて、すぐにぶくぶく沈んでも、それはそれでかまいません。水に浮かべて少しでもゆらゆらと流れれば、帰ることができるため心配はいらないのです。

2つめのルールは流したあと、くるりと背を向けて家に向かって帰りますが、この時に「振り返ってはいけない」ということです。絶対に振り返ってはいけないので、お気をつけ下さい。車をバックしなくていいように（バックする際に振り向くためです）、停める位置も考えたほうがいいです。家の中に入るまで振り返ってはいけません。これで、ご先祖様にお土産を持たせることができます。


「流す」という方法でご先祖様をお見送りしていないお宅は、ご先祖様がお土産としてお供え物を持って帰りませんから、16日のお供え物も食べても大丈夫です。ほとんどのお宅が食べても差しつかえない、ということになると思います。

お土産を持って帰ったご先祖様はあちらの世界で、戻る家がない人にお土産をあげることができて、その人たちにとても喜んでもらえます。よい行ないをひとつ積むことにもなりますから、レベルアップのパワーとなります。でもそれ以上に、みんなが喜んでくれることが嬉しいみたいです。

ただ現在は、ゴミの問題などがありますので、「流すお見送り」は、なかなか難しいと思います。けれど、流さなければご先祖様はお土産を持って帰ることができません。自力で持って帰る、ということができないのです。

お土産のお話を先に書きましたが、16日の〝夜〟には、また白玉団子を作ります。お見送りのお団子です。このお団子と熱いお茶を最後にお供えして、ロウソクと線香に火を灯し、手を合わせます。

流しに行くお宅はここから箱に入れていきますが、お土産を持たせないお宅は玄関の扉をお迎えした時と同様に30センチほど開けます。5分も開けておけば十分です。これでお盆の接待が終了となります。

亡くなってから49日たっていないのにお盆になった場合の初盆は翌年です。というのは49日前ですから、故人はまだ現実界（と重なっている幽界）にいるわけです。成仏界から次元を超えて戻ってくることがお盆ですから、そちらへまだ行っていないため、初盆は翌年になるのです。

写経はあの世へのプレゼント

宗教を超えて届く般若心経

写経もまた亡くなった人が喜ぶ供養になります。写経のよい点はブログや他の著書で何回も書いているので、ご存じの方のほうが多いと思いますが、初めて私の書いたものを読む方のために、また死後の世界がテーマの本なので、ひと通りの説明をします。

写経とは半紙に墨で「般若心経」（他のお経もありますが、般若心経が一般的です）を書くことです。般若心経は、空海さんをはじめ日本の仏様方が向こうの世界から、強力なエネルギーを注いでいるお経です。このお経は宗派を超えるどころか、宗教を超えて唱えてもよいものとなっています。神社で唱えてもまったく問題ありません。

仏様は仏教徒だけしか救わないのではなく、誰でもお経のパワーがもらえるように、また、お坊さんに頼らなくても供養ができるようにと、このお経を特別に大事にされているのです。

高波動の仏様方に厚くサポートをされているお経ですから、お経自体がパワーを持っていて高波動です。そのお経を半紙に書く……それが写経です（写経用紙にはお経の文字が薄く印刷されているので、それをなぞります)。

どうしてこの写経が亡くなった人の助けになるのかと言いますと、今言ったようにお経自体にパワーがあるということと、文字を書く時に供養をする相手のことを想う気持ち(愛情)もそこに乗っかるからです。心から人を想う気持ちという非常に尊い力が加わるので、写経は質の良いあたたかい供養となります。さらにこの上質な供養パワーは驚くことに、仏様が故人に届けてくれるシステムになっています。

僧侶の読経に比べれば、1枚の写経はそこまで大きなサポートにはなりません。正直言って、かなり小さなものです。しかし、故人からすると愛情のこもった、心地よい供養、癒やされる供養ですから、ものすごく喜ばれます。

1枚は小さな供養ですが、枚数を重ねるとその分大きなパワーになります。

外国の人はもちろん、会ったことがない人にも届く

いただく質問で多いのは、「供養を送りたい人が外国人でも写経は届くのでしょうか?」「違う宗教の人ですが写経は迷惑ではないでしょうか?」などです。

般若心経に乗せたその人を大事に想う気持ちは、たとえ外国の人でも、違う宗教を信仰し

ていた人でも、届きます。

般若心経は仏教徒だけにしか作用しない、というものではありません。亡くなった人を想う気持ちを届けたい、心安らかに過ごしてもらえるよう癒やしを送りたい、成仏界でのレベルアップをお手伝いしたい……という思いを、亡くなった人に実際に効果があるものとして贈るのが写経です。あの世へのプレゼントなのです。

亡くなった人を思いながら、心を込めて書いた写経はほかほかとした波動を持った、優しく愛のある供養として亡くなった人を包み込みます。特に自殺をした人、急な事故で突然亡くなった人には大きな救いとなります。

派手な供養ではなく、個人で心を込めて供養をしたい、そう思った時に、「仏教という宗教の方法」を使えば写経になりますよ、と、そういうことです。加えて言えば、生前に会ったことがなくても、たとえ亡くなった人が自分のことを知らなくても、仏様の手で確実に届けてもらえることも写経のよい点です。

写経供養は、受け取る人が信仰している宗教と一致しなければいけない、というものではありません。相手が仏教を信じる・信じないという精神的なところに作用するのではなくて、物理的に効果があるためです。

仏様が届けてくれるこの供養は、国籍・宗教・生前に住んでいた場所や距離を問わず、どなたにも作用しますから、細かいことは悩まずに、供養をしたい人に書いてあげる、それだけでいいのです。

ただし、届くのはお寺で〝仏様に奉納したもの〟に限ります（郵送で受け付けているお寺もあります）。いくらお寺で書いた写経でも、自宅に持ち帰った場合は残念ながら届きませんし、家で写経をして仏様に奉納しなければ、こちらも届きません。

日々多くの人が亡くなっているのに、仏様は間違うことなく届けてくれるのだろうか？という疑問をお持ちの方がいらっしゃるかもしれませんが、心配はいりません。確実に届けてくれます。

亡くなるということは、現実界から死後の世界に存在場所を変える、ということです。死後の見えない世界を管轄しているのは仏様です。ですから、この世界に戻った人のことは全員、把握しています。

阿弥陀如来や地蔵菩薩だけでなく、他の仏様……薬師如来でも観音菩薩でも、空海さんや最澄さんでも、仏様だったら故人のことはすべて知っています。ですので、どの仏様に写経を奉納しても、ちゃんとその人に届けてもらえます。

仏様方は亡くなった理由も知っているため、たとえば東日本大震災で亡くなった方の供養として写経をした場合も、確実にその方々に届けられます（このような場合、1枚の供養は分割されます）。

父方・母方の「家系」問題はどうする？

実際に写経をしたことがあるという方は、「為」のところにどう書けばいいのか……と悩まれたことがあるかもしれません。特にご先祖様の供養をしたいという場合、う〜ん？　となると思います。

自分にとってのご先祖様は「父方のご先祖様」と「母方のご先祖様」がいるわけです。どのように書けばいいのか、どちらか一方しか書いてはいけないのか、ご先祖様すべてを供養したかったら、父方と母方、それぞれに1枚ずつ写経をしなければいけないのか……と悩まれる方がおられるみたいです。

この場合、「ご先祖様」と、全部ひとくくりにしても大丈夫です。「え？　でも家が違いますよね？」と思われたかもしれませんが、写経などでご先祖様の供養をする時は父方、母方の「家系」は関係ありません。ご先祖様の「お墓」が別々だとか、「仏壇」も別だから、というのもまったく関係ないです。

それらを頭に置いていると、「父方のご先祖様」「母方のご先祖様」という考えになってしまうと思います。仏様に直接、供養をお願いする時は、「ご先祖様」と言えば、その人の血がつながっているご先祖様全部が対象となります。仏様から見ると父方も母方も区別はないのです。ですから、わざわざ分けて書く必要はありません。

たとえば、ここに太郎さんという人物がいます。太郎さんは自分のご先祖様は「父方のご先祖様」と「母方のご先祖様」に分かれている、と考えています。「父方のご先祖様」も「母方のご先祖様」も大きなひとつのかたまりだと思っています。

しかし、太郎さんの父親にも「父方のご先祖様」と「母方のご先祖様」がいるわけです。〝太郎さんから見た呼び方〟で言うと、父親には「祖父方のご先祖様」と「祖母方のご先祖様」がいることになります。祖父と祖母の「家」は違いますし、お墓も仏壇も違います。

父親にすれば「祖父方のご先祖様」と「祖母方のご先祖様」という2つの、別のご先祖様のかたまりがあるのに、息子である太郎さんはその2つを一緒にして「父方のご先祖様」と言っているわけです。子どもの世代で2つのご先祖様は一緒になるのです。

同じように太郎さんは今、「父方のご先祖様」と「母方のご先祖様」というふうに2つを別にして考えていますが、太郎さんの子どもは、「太郎さん（父）方のご先祖様」と「太郎さんの妻（母）方のご先祖様」に分けます。太郎さんにすると、2つあるご先祖様のかたまりなのに、子どもの世代では1つになってしまうというわけです。

婚家のご先祖様の供養もしたいという場合は、自分のご先祖様に1枚、婚家のご先祖様に1枚というふうに分けます。「為」のところに書く人数に制限はなく、何人書いてもいいのですが、自分のご先祖様（血がつながっているご先祖様）と、配偶者のご先祖様（血がつながっていない他人の人々）すべてに届けて下さい、というよりも、分けたほうがいいです。

写経1枚の供養は「為」に書かれた人数で割られます。平等に届けられますから、多く書けば書くほどパワーは小さくなっていきます。供養を大きくプレゼントしたい時は個人宛にするのがおすすめです。

いくら写経でも個人情報なので名前を書きたくないんですけど……というのもオーケーです。俗名や戒名を書かなくても、東日本大震災で亡くなられた方々、などでも問題ありませんし、ご先祖様だけでもかまいません（ただし、直接、仏様に奉納する場合のみです。仏様にじかにお話をするのでわかってもらえるからです。郵送で奉納をするのであれば氏名を書きます）。

東日本大震災で亡くなられた方々と書いても、仏様は死因もすべて知っておられますから、取りこぼすことなく届けて下さいます。「為」は仏様に理解してもらえればいいだけですから、書き方に決まりはありません。

「仏様に奉納」をもうちょっと詳しく説明しますと、書いたお経をお寺に持って行く、もしくは郵送をして、仏様の前に（お供え物のように）置いてもらうことを言います。お寺で写経をすれば書いたあとで、自分で置かせてくれるところもあります。

自分で仏様の前に置かせてもらえれば、「為」のところにこまごまと書かなくても、手を合わせた時に自分で仏様に説明ができます。供養したい人のことをお話すれば「為」が空欄でも、確実に届きます。写経は仏様に奉納をしてはじめて、供養パワーが発揮され、亡くなった人をサポートする力を持つのです。

間違えた文字は誤魔化さずに書き直すこと

写経が届けられるのは〝仏様に奉納した時点〟つまり、仏様にお供えをした時です。お焚き上げで届くのではありません。

え？　お焚き上げって何？　と思われた方がいらっしゃるかもしれませんので、ちょっと説明をしますと……神社やお寺によって違いはありますが、大まかに言えば、神仏関係でいらなくなったものを祝詞やお経を唱えながら、または唱えてから神域・聖域で燃やしてくれることです。

古いおふだとか古いお守り、お正月のしめ縄などのお飾り、お寺だったら写経とか、神社仏閣によってお焚き上げをしてくれるものが違いますが、神職さんや住職さんがしてくれる処分の方法です。

お焚き上げをすることで燃えて届く……というふうに思われるかもしれませんが、違います。お焚き上げは処分の方法ですから、すでに故人に届けられて「紙となった」写経用紙の処分です。ゴミとして捨てるわけにはいかないのでお焚き上げをしてくれる、というわけです。

ついでに言えば、写経は、生まれることなくあちらの世界に帰って行った水子供養にも大きな効果があります。生まれることができなかった子どもに、愛のある供養として、本当にとても喜んでもらえます。子どもの年忌の年に心を込めて写経をしてあげれば、それが立派な年忌供養にもなります（この世に生まれていないため、写経でも大きく作用するのです）。

「為」のところは、生まれることができなかった我が子の供養、と書いても、ただ単に、我が子の供養と書いても、仏様にはわかります。

筆記具は筆と墨がおすすめです。筆ペンも悪くはないのですが、書きあがったお経に込められた力がかすかに違います。

書いていて「あ！　間違えた！」となったら、間違えた文字は二重線で消すかぬりつぶし、その文字の横に書き直します。間違えた文字をごにょごにょっと適当に誤魔化すと、文字で表現するお経なのにその文字が1字違うわけですから、般若心経ではなくなります。どうかご注意下さい。

命日にこだわる必要もないです。供養をしてあげたい時にしてあげられるのが写経のよいところでもあります。年忌にプレゼントとしてサポートしてあげたい場合、一番いいのは命日の当日に〝奉納する〟ことです。ですから、家で写経をすれば命日の当日にお寺に奉納しに行きます。

命日に奉納できない場合は、命日よりも前に持って行きます。命日を過ぎてしまうと効果が半減してしまい、ちょっと残念なことになりますので、年忌に関しては早め早めがいいです。ちなみにお墓がなくても位牌がなくても写経は届きます。

成仏していない人も写経でサポートできる

「自死した人に写経をしていますが、すでに成仏していたらどうなりますか？」「成仏していたら、その人にしてあげるよりも、まだ成仏していないと思われる、災害で亡くなった方々にしたほうが良いのでしょうか？」という質問をもらったことがあります。

すでに成仏している人にお経をプレゼントしても、もちろんとても喜ばれます。成仏したらそれで終わり、ではなく、次は成仏界でのレベルアップを頑張るからです。写経はそのサポートになります。

たとえば、1の段階から2の段階へ行くのに、1000歩かかるとしたら、写経を1つプレゼントすることで、999歩で行けるようになります。2回写経を贈ると、998歩で行けるのです。故人にとっては、ものすごくありがたくて嬉しいサポートになりますから、どんどんプレゼントをするといいです。

写経は成仏していない人にも、している人にも、どちらにもとても喜んでもらえます。「で、どちらにしたほうがいいのでしょうか？」と聞かれれば、成仏がまだの人のほうです。写経がもらえない場合、どちらも自力で頑張らなければなりません。その「頑張る」度合いが、成仏していない人のほうが格段にしんどくて大変だからです。ですから、成仏していない人にされたほうが、同じ写経でもサポート力はぐんと大きくなるというわけです。

仏壇は現実界とあちらの世界をつなぐ

大事なことはこれだけ！　扉は常に開けておく

仏壇は宗派や遺族の考え方によって、位牌から仏具、仏壇のデザインまで選択が分かれると思います。あちらの世界との関係で、これは絶対であるという決まりはありませんから、お好きなものを選ばれるといいです。

仏壇に関して1つだけ知っておくべきことは、昼夜を問わず、仏壇の扉は常に開けっぱなしにしておく、ということです。扉が閉まっているとご先祖様からこちらの世界が見えませんし、守る力も封印されてしまうのです。ここは軽く考えないほうがいいです。

福祉用具専門相談員の仕事をしていた時に、それはもうたくさんのお宅を訪問し、各家庭を内側から見てきました。利用者さんのほぼ全員が高齢者でしたから、独居でも、ご夫婦で暮らしていても、窓をこまめに開けない家が多かったです。

家の中に風を通さないと、気が滞ります。そのようなお宅に入ると、ねっとりと暗くて重たい空気が体にまとわりつきます。気が滞ってしまうと運気が悪くなったり、住んでいる人の精神や肉体に悪影響をおよぼしたりします。特にご高齢の方は外出もせずずっと家の中にいるため、その影響が大きく出やすいのです。

ある一家は、３名全員が健康に問題ありというお宅で、仏壇がホコリまみれで真っ白でした。それでも扉を開けていた時は故人の守りが届いていたようで、それなりに過ごしていました。

お盆に親戚が来て仏壇の中を掃除すると3人ともしばらくは明るく元気だったのですが、その後扉を閉めきってしまい、そこからはどんどん健康状態も精神状態も悪化していきました。全員が、です。

仏壇の扉を閉めきっていた他のお宅でも同様でした。成仏界に行った魂は、位牌を通じてでなければ家の中が見えません。手助けもできません。仏壇が持てないという家もありますから、ある意味、仏壇があるお宅はラッキーと言えます。扉を閉めるのはせっかく守ってくれるご先祖様を持ちながら、その恩恵を捨てているようなものなのです。

仏壇は時々でいいので中のお掃除をしてホコリを溜めないようにします。お掃除ができなくても、部屋の空気を入れ替えていれば最悪の状態は防げます。たまにロウソクやお線香に火を灯す、お供え物をしてあげると仏壇内の「気」が整います。お掃除をしなくてホコリまみれだったとしても、お線香やロウソクを灯すと、気の流れができて滞りを一掃するのです。

常に仏壇の扉は開けておきます。全開にするのがベストです。こうすることで、ご先祖様のご加護をマックスでいただけます。扉を閉めるということは、ご先祖様を完全シャットアウトするということになります。

年忌供養は命日やお盆以上に重要

いろいろな供養方法

年忌をしてもらう立場のことは第3章に書いていますので、ここでは供養をする側のことを書きます。

年忌供養は本当に大事ですよ〜、とあちらこちらで力説してきました。命日やお彼岸はパスしてもなんの問題もありません。お盆も……パスをしたとしても故人にダメージはありません。しかし、年忌をパスするとそのサポートを待っている故人からすると、ものすごいダメージになるのです。ですので、年忌だけは忘れずにしてあげたほうがいいです。

これは人間である私たちが考えるよりはるかに重要なことです。年忌供養をしてもらえなかったとしても、その分自分が必死で頑張ればいいだけ……と言えばそうなのですが、年忌でもらえる供養パワーは通常の供養とはまったく違っていて、そこには年忌という節目の力が加わっています。故人からすれば、できればもらいたい！　ものなのです。ですから、年忌供養をパスされた人はガッカリします。亡くなった人からすると、絶対に忘れてほしくない供養です。

盛大な法要をされるお宅があれば、費用の関係でそこまでできないというお宅もあると思います。年忌に欠かせないのは僧侶の読経です。逆に言えば、読経さえあれば他のものはいらないので、できればお坊さんが唱える生の読経をプレゼントします。

どうしても費用が捻出できない場合は、何もしないよりはCDを聞かせてあげると少しですが助けになります。けれど、ちゃんとしたお寺の住職さんが唱えたものでなければ効果はありません。

CDを持っていないという方は、写経になります。年忌の年の命日に仏様に奉納するか、それ以前に奉納します。故人をサポートするのは「生のお坊さんの読経」ですから、CDと写経はそれよりもはるかにサポート力が落ちることはお伝えしておきます。

生まれていないお子さんは、早めに転生します。遅くとも13回忌あたりまでには転生していくようなので、13回忌まで供養してあげれば大丈夫です。生まれていないため、49日の法要はいりません。1周忌、3回忌、7回忌、13回忌の4回です（4回してあげることはとても丁寧な供養になります）。

生まれなかった子には心を込めて写経をしてあげるだけで、立派な供養になります。現実界に存在しなかったので、お坊さんの読経までは必要ないのです。もしも、生まれなかった子に一度も供養をしたことがないという人は、どこかで1回してあげるといいです。すでに13回忌が過ぎていたら、念のため25回忌で1回してあげたほうがいいかもしれません。

供養は、してあげようと思った時がベストです。突然、「供養をしてあげようかな」と思ったということは、子どものほうが「今、供養をしてほしい」と念を送っているわけですから、何かのサポートになります。

「愛」を直接送ることも、とても喜んでもらえる供養です。仏壇やお墓で手を合わせた時に、故人との楽しかった思い出を心に描くだけで届きます。思い出は遠い子どもの頃のことでも何でもいいのです。

たとえば、亡くなった人が父親だったら、幼い頃に肩ぐるまをしてもらった場面を思い出します。思い出しながら「楽しかったなぁ」としみじみ思うと、そこであたたかい愛情が父親に届きます。優しいプレゼントになるのです。

「楽しかった」「嬉しかった」「大好き」などの感情を添えて思い出すことは立派な供養です。続けることにより、亡くなった人の心が安らかに、また、どんどん穏やかになっていきます。

もしも手放せない念を持っていたとしても、その念が徐々に薄くなっていくのです。ほんのりとしたサポートですが、相手の心にストレートに響くので、愛を送ってあげる供養もおすすめです。

お墓と位牌で故人とコンタクト

あちらの世界の小さな出張所

お墓参りをしたいけれど、遠いから行けない……という方は多いのではないでしょうか。お墓は誰かが定期的に参っていて、お掃除をしている場合は、無理して行かなくても問題ありません。ご先祖様も「来て～」と訴えたりしません。

墓石が傾いているとか、誰かがゴミを捨てて汚れているとか、何か大きなトラブルがあったら、「気づいてほしい」「なんとかしてほしい」「ちょっと来てほしい」という意味で障りが出ることがありますが、それ以外だったら「来てほしい」と言われることはほぼないのです。

ご先祖様とは位牌よりもお墓のほうがつながりやすく、コンタクトをするのもお墓のほうがクリアにわかります。行くとご先祖様にとても喜んでもらえるので、行けるのであれば、何年かに一度でも行かれるといいと思います。

行ったらまず、お掃除をします。墓石に水をかけて拭き掃除をしてあげて、落ち葉などを掃いてキレイにします。サッパリしたところで、持参したお供え物をお供えします。仏壇と同じように袋や包装は開けて食べられる状態でお供えをし、シキミやお花を飾ります。ロウソクと線香に火をつけ、かがんで手を合わせます。帰る時にはお供え物はすべて持って帰ります。

位牌は仏壇の中に入れているお宅と、仏壇を持たず何かの台の上にそのまま置いているお宅があると思います。位牌は、できれば仏壇に入れてあげたほうがいいです。というのは、仏壇はあちらの世界を仏壇内部に展開できるものだからです。あちらの世界の小さな出張所みたいな感じです。この空間に位牌を置くのと、仏壇の外に置くのとでは、ご先祖様のパワーが違ってきます。

仏壇がないところに置かれた位牌は、現実界の「気」にそのまま晒《さら》されています。この状態は故人が位牌から顔を出した時に居心地がすごく悪いのです。

昔は仏壇と言うと安くても何十万円もしましたが、今はミニ仏壇というコンパクトタイプの、お手頃なお値段のものがあります。亡くなった方のために仏壇は用意されたほうがいいと思います。

位牌がないと「してもらう」ことが難しくなる

お墓と位牌に共通するのは、お供え物をする、読経するなどの、供養の対象と言いますか、亡くなった本人の代わりと言いますか、本人が形を変えてそこにいる、というものです。

ですから、生きたお経をプレゼントする時は、家にお坊さんを呼んで仏壇の前で読経してもらう、お墓の前で読経してもらう、もしくはお寺に位牌を持って行って読経してもらう、のいずれかになります。

第2章で説明しましたように、成仏したあと、魂は成仏界で暮らしています。呼ばれたら(供養をされたら、という意味です。お墓参りをされたり、仏壇に手を合わせられた時のことを言っています)、その場所に行きます。子孫のことが心配でしっかり守ってやりたいという人は、自分から位牌に行きます。

この「行く」という表現ですが、正確に言うとちょっと違います。死後の世界は仏様の管轄です。ですから、死んだあとの私たちの存在も仏様と似たようなものになります。

位牌は「行く」のではなく、「顔を出す」という使い方をするのです。つまり、仏様が仏像から顔を出すのと同じです。位牌から顔を出す、お墓に顔を出す、という感じで、位牌とお墓にはあちらの世界からの道が繋がっているのです。

仏様が仏像でそうしているように、ご先祖様もその道を通って位牌やお墓から姿を現し、そこから子孫を守り、持っているパワーも使います。まれに外出先まで子孫について行って守ることがありますが、それは位牌が家にあり、仏壇の扉を開けている場合のみです。

では、家に位牌がない人は亡くなった人から守ってもらえていないのか……と言いますと、残念ながらシステム上そうなっています。こちらからはお墓に行って供養ができますし、写経などの供養もできます。してあげることはできるのです。しかし、位牌が家になければ守ってもらう……何かをしてもらうことは難しいです。

たとえば父親が亡くなったとします。娘が心配だから、娘につきっきりで守ってやりたい、見守っていたいと父親は思います。しかし、娘の家には位牌がなく、遠方であるため墓参りにも来てもらえません。

となるとこの父親は、成仏界でのレベルアップを「うりゃりゃー！」とものすごい勢いで頑張ります。そこはもう、娘を思う気持ちで、修行につぐ修行をこなし、あっという間にレベルを上げます。たった数年で50回忌の向こうの世界へ行き、進路を「高級霊界で働くコース」にし、人間を守るお仕事として〝娘に〟つくわけです。

こうすれば、強いパワーを持った存在として、ずっと娘について守ることができます。娘だけでなく、妻や孫など、あちこちに自在に守りに行けます。

〝成仏界にいるご先祖様〟は、自分の位牌が置かれた家に住んでいる人しか守れません。そういう仕組みになっているので仕方がないのです。ですから私は、実家の仏壇に手を合わせる時は、位牌がある実家に住む両親と弟一家と犬を守って下さい、というふうに言っています。離れて暮らす私のところに守りに来ることはまずありません。位牌という顔を出すものがないからです。なので、私は神社仏閣を多く訪れて、神仏に守りをお願いしているというわけです。

スナップ写真は位牌の代わりになる？

守護してもらうことは神仏にお願いができるため問題ないのですが、「お父さんを毎日のように供養したいんです」という方もいらっしゃると思います。位牌がある兄の家が遠いとか、関係がうまくいっていないので行きたくないとか、宗教の関係で位牌を持たない、またはお世話ができない理由で位牌を作っていないとか、私のもとに来るメッセージにはさまざまな状況が書かれています。

位牌はないし、お墓も遠い、もしくは両親が離婚をしたのでお墓がどこにあるのかわからない、けれど父親の供養を毎日のようにしたい……このような場合、スナップ写真を飾ってそこにお供え物をしている人がいらっしゃるようです。

「この方法で届いていますか？」という質問が時々来ます。う〜ん……非常に書きづらいのですが、嘘は書けないので正直に言いますと、届いておりません。

写真を位牌、またはお墓と同じように「道」がつながったものにしなければ、本人が顔を出せないからです。飾っているスナップ写真は、他にも何十枚、何百枚と写した写真の中の1枚である、というだけです。本人と道がつながっておりません。

死後の世界が神様世界と同じシステムだったら、亡くなった人はこの写真に「宿る」ことができます。しかし、先ほど説明しましたように、死後世界は仏様世界のほうと同じなのです。故人は神様のような存在ではありませんから、宿ることができる存在ではないのです。

けれど、方法はあります。写真の中のどれか1枚に道をつなげればいいのです。道をつなげるためには、お寺に持って行って、その写真で一度供養をしてもらう必要があります。木彫りの仏像を仏様にしてもらうためには開眼をしますが、それと同じです。お寺に持って行って、お坊さんに供養をしてもらえばそれでオーケーです。道がつながります。

実は仏壇の中にある位牌も、49日の法要で白木位牌（49日までの仮の位牌）から本位牌に魂を移してもらう際に開眼がされています。だから道がつながっているわけです。どこかで買ってきた位牌……そこにたとえ正しく戒名が書かれていたとしても、それを仏壇に入れただけでは道はつながりません。お供え物をしても届きませんし、故人がそこからこちらの世界を見ることもできません。開眼がされていなければ、ただの木片なのです。

写真を開眼してほしいと言うと、お坊さんに「はぁ?」と言われる可能性があることは先にお伝えしておきます。そのようなことはできません、と断られると思います。仏教では写真を開眼する考えがないのでは……と思うからです(確認しておりません。個人的見解です)。

ですので、お寺に依頼をする時は「供養」で大丈夫です。お寺のご本尊（仏様）の前で、読経をしてもらって正式な供養を一度すれば、道はつながります。

もっとよい方法は、小さくてもいいので位牌を作ることです。それを開眼してもらったほうがいいです（位牌だったら「開眼して下さい」とお寺に正式にお願いすることができます）。戒名じゃなくてもかまいません。俗名で作った位牌でも問題ないです。位牌が2つあることは、仏教ではダメと言われるかもしれませんが、悪いことではありません。本人からすれば顔を出す場所が増えるというだけです。

新しく作った位牌、道をつなげてもらった写真を処分する時は、〝必ず〟お寺で魂抜きをしてもらって、お焚き上げをしてもらわなくてはなりません。絶対にゴミとして捨ててはいけないので、そこはどうかご注意下さい。

伝えたいことは夢の中で…

メッセージ夢をいかに解釈するか

あたたかい供養、ありがたいサポートをしてもらったおかげで成仏ができた人は、お礼を伝えたいと思うようです。家族に「成仏できたよ」ということを報告したいわけですね。

このような時に伝達方法として一番多く使われるのが、「夢枕に立つ」です。これは亡くなった人が現実界にいる人間の夢の中に〝入り込んで〟姿を見せるのではありません。人間は寝ている時に変性意識になります。睡眠中はあちらの世界とつながっているのです。それにより、あちらの世界にいる亡くなった人を見たり、現実界にまだ存在していない未来を見たりします。睡眠中に見るものなので、本人の意識では、夢の中で見た、というふうになります。

よいほうの世界だけとつながればいいのですが、よくないほうの世界につながることもあります。そうなると金縛りにあったり、夜中にふっと目が覚めて、その時に幽霊を見たりするわけです。

睡眠中はアンテナを自分でコントロールできませんから、仕方がないのですが、亡くなった人はこのアンテナの前に立つことができます。そして言うわけです。「たくさんの供養をありがとう。おかげで成仏できたよ」と。もちろん、ニッコリと微笑むことも忘れません。この程度のことは力がなくてもできますから、幽界や成仏界から何かを伝えたい時は夢の中で、ということが多いです。

故人は「成仏できたよ〜」と伝えているのですが、受け取る側のアンテナの感度が悪ければ、言われた言葉をダイレクトに受信できなかったりします。

仮に故人をお父さんだとしましょう。お父さんが夢に出てきてくれた、けれど何も言わずに、ただニコニコしているだけだった……というそれは、お父さんのほうは「たくさんの供養をありがとう。おかげで成仏できたよ」と言っているのですが、アンテナの感度がよくないため、言葉の部分を夢に反映できていないのですね。

つまり、完全に受け取る側のコンディションなのです。アンテナの感度は人によって違いますし、日によって、またはその時の体調・精神状態によっても変わってきます。感度がよくないと、若干、誤作動をすることもあります。

たとえば……お父さんったら、夢に出てきて「時計に水を飲ませなさい」って、どういう意味なんやろ？　と悩んだりするわけです。お父さんはあちらの世界から、「なんでやねん、ワシ、時間かかったけどな、成仏してるで～、って言うたのに」とツッコミを入れていたりします。

この場合、感性のアンテナがお父さんの言った内容を拾うことは拾っているのですが、「時間がかかった」を「時計」に変換し、「成仏した」を「水」に変換しているのです。

人によっては「時間がかかった」という言葉から「伸びたうどん」を睡眠中の脳が連想し、

「成仏した」という言葉から「喜び」を連想しているかもしれません。そうなると、変換後の夢はこうなります。「お父さんったら、夢の中でぴょんぴょんに伸びたうどんを嬉しそうにニコニコしてすすっていたわ〜」

夢の中に故人が出てきたということは、その故人がわざわざアンテナの向いている方向に立ち、なんらかのメッセージを送った、ということです。ですから、機嫌よく夢に出てきた、という時点ですでに成仏していると考えていいです。

受け取る側のコンディションによっては、お父さんの声も姿も、夢の中で再現できないことがあります。アンテナではお父さんをしっかりとらえていますし、「たくさんの供養をありがとう。おかげで成仏できたよ」という言葉も聞いています。しかし、うまく夢に反映することができません。

その場合、「成仏できた」を画像として表したりします。一番多いのが「川」「水辺」です。これは、成仏した、イコール、三途の川を渡った、という解釈からくるものです。お花畑という映像もあります。成仏した、イコール、お花の咲く天国に行った、なのですね。

もっと前に亡くなったペットの姿を見ることも考えられます。成仏した、イコール、先に亡くなっている猫のタマのところに行った、タマと天国で仲良くしている、という解釈です。

朝、目覚めた時に、「なんだかすっごく楽しい夢を見たわ〜。感覚がリアルで、まだウキウキしてる」という場合、「お父さんが成仏した、嬉し〜」という魂の感情をそのまま別の夢に変換しています。

このように、受け取る側のアンテナ次第で姿が見えたり見えなかったり、声が聞こえたり聞こえなかったりします。けれど、魂はわかっていますから、メッセージ夢は何かしらどこか、印象に残ります。たいした夢ではないのに、いつまでも覚えていたりするのです。このようなことは気づこうとしなければ、「変な夢」で終わってしまいます。

さらさらと清く流れる川の映像を夢で見たら、「川」→「三途の川?」→「成仏?」→「誰? あ、お父さん?」と、夢を逆から連想してみると、見えてくるものがあるかもしれません。

第5章
こちらの世界で安心して生きる

成仏していない人を乗せない

大切な人が事故で亡くなったら…

144ページに書いていますように、大切な人が事故で亡くなったら迎えに行ったほうがいいです。その場で魂の緒が切れてしまうと、肉体と一緒に移動できない人が多く、置いていかれた魂はそこから何をどうしたらいいのかがわからず、現場をウロウロします。ずっと事故現場でさまよいます。

人によってはものすごいパニック状態になることもあります。自分の状況がわからないためです。パニックになると誰かになんとかしてもらおうと、そのへんにいる人を頼ろうとします。自分1人ではその場から動けないため、家にも帰れません。帰り方がわからず、しかも幽霊ですから、事故の痛みをそのまま持っていることもあります。本人にすれば、もう必死です。

幽霊には、霊を乗せやすい体質の人と、その人についていけば成仏をさせてくれる人は光って見えます。多くの人間の中で光っている人はわずかですから、見つけたら「この人について行けばなんとかしてくれる！」と、パッとその人に乗ります。

この状態が憑依《ひょうい》です。このようなことを愛する人にさせないために、事故現場には迎えに行くことが大事なのです。

ここでは、このような幽霊に乗っかられたらどうすればいいのかという、逆の立場のことを書いてみます。まず、憑依をされると体調が悪くなります。幽霊が「気づいてほしい」と障りを与えるからです。低い波動の幽霊に乗っかられたことで、その低波動の影響により体調が悪くなる人もいます。


福岡に住んでいた時のことです。まだ幼児だった息子を連れて、建設されたばかりの大型ショッピングモールのようなビルに行きました。そのビルは中に入ると、真ん中が大きく吹き抜けになっている建物でした。

息子と夕方にそこへ行き、そのビルにいる間はなんともなかったのですが、ビルを出た途端に息子の様子がおかしくなりました。一気に高熱が出て、ぐったりしているのです。慌てて帰宅しました。

家に着いて息子を寝かせ、様子を観察していると、熱は依然として非常に高いのですが、本人はすやすやと寝ています。で、寝ているのに、大きなあくびをするのです（憑依された時の特徴です）。

あれ？　何か憑いてきた？　と思いました。でも風邪かもしれないし、子どもは熱を出しやすいので、とりあえず少し様子を見て、おかしいようだったら時間外でも診察をしてくれる病院に行こう、と思っていると……。

たまたまつけていたテレビで、さっきまでいたビルの名前を連呼しているのです。映っている映像では吹き抜けの1階部分に、コーンとポールで立入禁止にしたみたいな一角が作られています。

「えっ？　何？」とニュースを聞くと、その日の未明に、私たちが行ったビルで転落事故があった、と言うのです。清掃作業員の男性が、吹き抜け部分の高い位置を掃除していて誤って転落をした、というニュースでした。即死だったということも言っていました。

ニュースの映像では立入禁止区画を作っているコーンとポールが映っていましたが、私たちが行った時はありませんでした。もしかしたら午前中だけで片付けたのかもしれません。

息子は憑かれやすい体質なので、「ああ、その人が憑いて来たのだな」とわかりました。

その当時は今ほど霊能力が発達していませんでしたし、真言もお経も詳しいことを知りませんでした。

しかし、子どもの頃から祖父母のやっていたことを見てきたので、とりあえず窓を開けました。幽霊に帰ってもらうためには出口を作っておかなければならないからです。それから息子の体を撫でながら、その霊に「ここにいても成仏をさせてあげられない」ということを、丁寧に何回か説明し、「ごめんね」ということも声に出して言いました。そして、神棚のお塩を息子の体に塗りました。

すると、みるみるうちに息子の熱が下がっていき……本当にあっという間に平熱に戻ったのです。平熱に戻ると息子は目を覚まし、いつもの元気な息子でした。

幽霊のほうに悪気はないのです。けれど、助けてほしいという思いでついて来ただけでも、乗られたほうは体調が悪くなります。

電車や車で事故現場を通過するのは問題ない

私はこれまでの人生で、死亡事故があった直後にそこに行ったことが3回あります。そのうちの2回は列車事故で、どちらも私が乗っていた電車の直前の電車が人身事故を起こしたのです。

1回目は若い頃であまり覚えていないのですが、長い時間、駅と駅の間に電車が止まっていました。やっと動き出して、自分が乗った電車が現場を通過する時も、まだ遺体の回収がされていました。

2回目は駅で人身事故があり、その時も駅の手前で長い間、電車が止まりました。やっと動いてホームに着いた時には、下半分がプラスチックのソリのようになっていて、上半分が布袋の細長いものに遺体が入れられていて、上の袋の部分がきゅっと閉められた状態でそこに置かれていました。夏の暑い日だったのですが、亡くなるとあのような中に入れられても暑くないんだなと、そんなことをぼんやり思った記憶があります。

このように、電車に乗って現場を通過するだけなら憑かれることはありません。

もう一つは自動車事故です。福祉用具専門相談員をしていた頃です。毎日、車で利用者さんの家や、病院に行くお仕事でした。ある日、会社から出て5分ほど走ったところが渋滞していました。

片側2車線の、それも田舎の道ですから渋滞するはずがないところなのに、おかしいな、と思いつつハンドルを握っていると……少し先で前の車が全部、左の車線に入っていきます。

なんでかな？　と思いながら前進していくと、交差点の真ん中部分のところに女性が仰向けに寝ていました。この表現はちょっと変かもしれませんが、本当に寝ているように見えたのです。60歳くらいの人でした。横には自転車が倒れています。買い物をした帰りだったようで、レジ袋もそこにありました。その近くにはワゴン車が停車しており、ああ、事故なんだ、とわかりました。事故直後だったようで、そこを通過した時に救急車とパトカーがサイレンを鳴らしてやって来ました。

女性は流血をしていませんでしたし、大きな怪我ではないように見えましたが、翌日、そこを通ったら、交差点の中央分離帯のところに花束が置かれていました。女性は亡くなられたみたいでした。

その交差点は会社の近くだったので毎日のように通っていましたが、車で通過するぶんには大丈夫でした。事故以来どんよりと暗い、重たい空気の交差点になっていたので、ここはしばらく歩いてはいけないところだという感じでした。それがある日、いきなり普通に明るくなっていたので、霊になった女性は誰かに憑いて行ったのか、家族が迎えに来たのだと思います。

どうしてもの時はお不動さんの真言を唱える

事故を目の前で目撃したこともあります。片側1車線の歩道を歩いていた時でした。自分の進行方向に向かって左側の歩道をてくてく歩いていたのです。私の横の車線は渋滞をしていて、ずら〜っと車が並んでいました。

その時に、歩道のすぐ横を原付バイクが通り過ぎました。小太り体型の30歳くらいでしょうか、若い男性が乗っていました。なんとなくその人を見ていると、いきなり渋滞中の車の陰から、タクシーが出てきたのです。どうやら渋滞の列で車間距離が空けられていたところを、タクシーが横切ろうとしたみたいです。

タクシーを見て、「あっ!」と思った時にはバイクはタクシーに衝突していました。衝撃で男性もバイクも宙を舞い、カシャーンッ! という乾いた音とともに、路面に落ちました。男性はまったく動かず、タクシーから降りてきた運転手はどこかに電話をかけ、近くにいた人たちが男性に駆け寄って行きます。5分ほど男性はそのままでしたが、いきなりムクッと上半身を起こしました。そして、キョロキョロとあたりを見まわします。何が起こったのか覚えていない、状況が飲み込めていないようで、しきりに首をかしげていました。

そして立とうとするのです。近くにいた人もタクシーの運転手も立ったらダメ、と言うのですが、本人は何がなんだか、すべてがさっぱりわからないという感じでした。忠告を無視して男性は立とうとするのですが、骨折でもしているのか、下半身はまったく動かず、そこでもしきりに首をひねっていました。

この時に思ったのは、男性がもしも即死だったとしたら……あの「わからない状態」のままなのだろう、ということです。亡くなったら、いきなり目が覚めたように気づきますから、ふと気がつくと、自分が肉体と離れているわけです。けれど、自分自身は生きている時と同じ体なので、体が2つあります。「あれ？　なんで？　何がどうなっているん？」と混乱するだろうと思います。

事故死が難しいのは事故の記憶がまったくないということです。弟が若い時に交通事故で2ヶ月入院したことがありましたが、弟にも事故の記憶は一切ありませんでした。

幽霊に悪気はないし、かわいそうなところもあるのですが、憑かれるとほとんどの人は体調が悪くなります。低波動が運気に影響をおよぼして、運が悪くなる人もいます。

予防策として事故現場はしばらくそばを通らないことです。前述したように、電車や車などの乗り物に乗っていれば大丈夫です。

どうしても歩いて通らなければいけない時は、お不動さんの真言を唱えつつ、通過をします。だいぶ手前から唱え始め、通過後も少し長めに唱えたほうがいいです。お不動さんの真言が身を守ってくれます。ちなみに真言は声に出さなければ効果はありません。音量は関係ないので、小声でも、ささやくような聞こえない程度の音量でも大丈夫ですから、声に出して唱えます。

憑いて来たかもしれない、となったら、成仏をさせてあげられない、ということを説明します。説得を聞いてくれる幽霊だったら、息子の時のように離れてくれます。けれど、「憑いていることをわかってくれた」と思う幽霊だったら、しばらく離れないかもしれません。その時は背中を叩く方法か、おにぎり作戦で離れてもらいます（『神様、福運を招くコツはありますか?』という本に詳細を書いています）。

自分の大切な人がこのような幽霊になる可能性があるのなら、ならないようにしてあげることも大切です。

恐怖をあおる人に出会ったら

「成仏していないご先祖様」がキーワード？

ブログに届くメッセージにはいろいろな悩みが書かれています。霊能者や占い師、スピリチュアルな能力を持っているという人に、霊的なカウンセリングをしてもらった……そのことで悩んでいる方が少なくありません。カウンセリング中に言われた言葉や告げられた予言じみた内容が気になって仕方がない、怖い、というものもあれば、法外な料金に困っているということも書かれています。

かなり前になりますが、女性の方からいただいたお手紙には、次のような内容が書かれていました。

最初は「見える」という知人から、「ご先祖様がよくない状態にいる」と言われたことがきっかけでした。知人はそれ以上の詳しいことはわからないと言い、とにかくご先祖様の状態がよくない、ということだけを言うのです。

そこから女性はご先祖様が気になって仕方がなく、ネットで探した霊能者のところに見てもらいに行ったのです。霊能者は女性の先祖の中に6人、成仏していない人がいる、と言います。6人もいるので、供養をしなければ大変なことになる、と強い口調で言い放ちます。供養費用は1人5万円で、6人分の供養料金は30万円です。そのような大金は払えない、と思った女性は「親と相談します」とお断りをして帰宅しました。

その数日後、霊能者から電話があって、軽く考えていたら大ごとになる、お金がないのなら仕方がないから割引をしてあげてもいい、1人3万円で18万円でしてあげる、このような割引は普段はしないけれど、あなたの家はそれほど悪い、と言うのです。

女性はそれくらいならなんとか払えるけれど、でも高額だなと思いつつ、電話を切ろうとしたら、「将来、結婚をして妊娠をしたら生まれてくる子に障害が出る」と脅したと言うのです。それを避けるためには今、供養をしないとダメだ、と。

同じような内容が書かれたメッセージがもう1通ありました。その方は妊娠をしていて、やはり霊能者に「お腹の子に障害が出る」と言われ、先祖供養をしたほうがいいと言われたそうです。

このように恐怖をあおって、それを商売にしている人たちが現実世界にはいます。

成仏をしていないご先祖様が仮にいたとしても……生まれてくる子孫に障害を与えるなん

てことはありません。というか、幽霊にそこまでの力はありません。

お腹の中にいる子どもはまだ生まれていませんから、霊的な存在です。魂です。幽霊よりもはるかに格上です。その存在が宿るために育てている肉体に、障害を与える、なんて高度なことは幽霊にはできないのです。

逆に言えば、その肉体に障害があれば、それは「ちょっと難しい人生にチャレンジしてみよう」と、自分で作った障害です。明るく前向きな挑戦のためです。幽霊の仕業などということは決してありません。

このようなことを言われたら、なぜ成仏していないとわかったのか、成仏していないご先祖様は今どこでどうしているのか、何代目の、もしくは何年前の人物なのか、成仏していない理由は何か、子孫に障りを与えるのはどうしてなのか、他の子孫ではなく自分を選んだのはなぜか、供養はどのようにするのか、供養をしたらご先祖様はどのような状態になるのかなど、細かくいろいろとしつこく聞いたほうがいいです。

答えを誤魔化したり、適当なことを言ったり、怒ったり、詳しく話さないようだったら、それは怪しいカウンセリングであると思います。あ、でも、中にはお金を払って安心したいという方もいるでしょうし、そこはそれぞれの考え方なので、最後はご自分の判断になります。

恐怖をあおる、不安をあおる……お金を払えば、あおるのをやめる、そのような商売をする人は本物ではないのでは？　と私は思っています。ちなみに、6人も成仏していないご先祖様がいると言われて、一応供養をしておきたいと思ったら、私だったらお寺に行きます。ちゃんとしたご本尊がいるところで、僧侶の読経による正式な供養をしてもらいます。

おひとりさまの供養問題

「供養を自分にする」ことはできない

おひとりさまの方から、亡くなったあとの供養が期待できない、生きているうちに死後の自分のために何かできることがありますか？　という質問をもらったことがあります。

私には息子がいますが、仏教のほうに関心がないみたいで、お寺には行きませんし、たぶん仏様のことを何も知らないと思います。この息子に供養をしてもらうことは……まったく期待できません。ですから、私もおひとりさまと同じです。

自分のために、生きているうちに写経をしておくのはどうでしょうか？　という質問をもらったこともあります。「為」のところに自分の名前を書いて、3回忌用とか7回忌用とかを生前に奉納しておく、または用意しておく、という内容でした。

いいなぁ、斬新なアイデアだな～、と思いましたが、残念ながらそのような仕組みにはなっておりません。事前に奉納した供養をどの仏様が、どこに保管しておくのか……ということになります。そのようなシステムがないのです。

さらに、基本的な部分で勘違いをされているのは、「供養を自分にする」というところです。供養とは、人のことを想い、人のためにしてあげるものです。ですから仮に、供養の貯金ができたとしても、「自分に」という供養はないわけで、亡くなって受け取ったとしても自分からの供養は効きめがありません。

じゃあ、どうしたらいいのでしょう？　というお話になりますが、年忌を確実にしてもらえる永代供養墓に納骨してもらうことが一番だと思います。お墓の取材をした時に知った大阪にある「一心寺」というお寺では、納骨をする時に個別の永代供養代金を支払っておくと、33年間、毎年命日に供養をしてくれます。料金も高額ではありません。毎年供養をしてもらえますから、年忌の不安がありません。

他のお寺では、月に1回、永代供養墓（に埋葬されている人）の合同供養をしていました。こういうところもいいです。というのは、その供養を年忌として利用すればいいからです。自分の年忌を忘れることはありませんから、該当する年の、命日前に行われる供養を年忌にできます。

お彼岸とお盆だけ合同供養をしますというところは間隔が開きすぎていて、私だったら選ばないかな、と思います。ベストな合同供養は月に1回です。

お墓が本堂に近いため毎日の勤行が聞こえる、というところもおすすめです。前述の一心寺がそうですし（このお寺での永代供養は〈お骨佛〉という遺骨が練りこまれる仏像になるのですが、それが本堂横に安置されているのです）、高野山の「奥之院」もそうです。

高野山の奥之院の石段の下には古いお墓がたくさんあります。早朝に行われる勤行の読経は、静かな山の中ということもあり、心地よくあたり一帯に響きます。私が本気で羨ましいと思う墓地はここです。空海さんのおそばでもありますし、毎日お経が聞こえてくるのです。高野山の奥之院の左手奥には納骨堂がありますから、ここに納めてもらうのもいいかもしれません（受け付けてもらえるのは喉仏のお骨のみだそうです）。

このように年忌供養がある、または合同供養を自分でうまく利用できるお墓にしておけば、年忌のサポートを受け取れます。その心配をしなくてよくなれば、あとは特別な供養はいらないのです。

お供え物はなければないで問題ありませんし、お墓参りをしてもらえなくても永代供養墓を管理しているお寺や業者がお掃除をしてくれます。位牌やお墓から顔を出すことがないようでしたら、成仏界をエンジョイすればいいだけの話です。お盆はちょっと寂しいと思うかもしれませんが、お土産を持って帰ってくれる人もいるでしょうから、土産話を楽しんで聞くのもいいです。

私は用意している遺書に、どこに納骨してほしいのか候補を2ヶ所書いています。両親より早く死んでしまったら、父方のお墓に入れられる可能性があるからです。両親と一緒のお墓に入りたいという気持ちはもちろんあるのですが、このお墓は弟から甥っ子へと継いでいくものです。肩身の狭い思いをして顔を出すのは遠慮したいかな、と思います。個人のお墓もリスクが高いので、ここはやっぱり永代供養墓だろうと思っています。

今はインターネットで地名を入れて検索をすれば、その近辺の永代供養墓がヒットします。いくつかあるでしょうから、実際に現地に行ってみることがおすすめです。お墓の雰囲気がわかりますし、お寺の見学もできます。年忌についても詳しく聞くことができるうえに、料金もしっかり確認できます。若い方でも一度見ておいた方がいいのでは？　と思います。

死後の世界をしっかり理解しておけば安心

おひとりさまで供養がないかもしれないという人は「死後の世界」をしっかり理解しておくことも重要です。

道がわからないとなった時に助けとなる読経（49日の法要）がないかもしれないわけですから、光を探す方法を頭に入れておきます。

なかなか光が見つからないことも考えられるので、そのような場合は「南無阿弥陀仏」とか「南無大師遍照金剛」などを仏様を思い浮かべながら唱えたらいい、ということも知識として持っておきます。

仏教に帰依する必要はありません。仏様は仏教徒でなくても救ってくれますし、宝号には力がありますから、道を照らしてくれます。知っているのと知らないのとでは雲泥の差があります。仏教に頼るのがイヤだと思われる方は、ご自分の宗教ではそのへんのことをどのように導いているのか、調べておかれることをおすすめします。

引っ張る念を持たないようにする、持ってしまった時の手放し方も覚えておく、というふうに準備をしておけば心配することはありません。

死んでからでは遅いのです。多くの幽霊を見てきた私としては、ここは強くお伝えしたいところです。

成仏をしたあとも年忌プレゼントがない方は、ご自分の努力でカバーをすることになります。成仏界で奉仕活動を頑張れば、レベルアップはどんどん進みます。どんどん進むレベルアップだったら、特別な供養は必要ないです。

生きている間になるべく徳を積んでおく、という方法もあります。徳を積んでおくと亡くなったあとがかなり楽になります。光に向かって歩く道は明るいですし、成仏してからもレベルアップした状態からスタートするので、年忌サポートは必要ありません。

いずれにしても、頑張れば必ず50回忌の向こうの世界に行けます。

楽なところからスタートできるように生き方を工夫するのもいいですし、成仏界に行ってから「うりゃー!」っと頑張る、というのもアリです。成仏界ではのんびりしたいというのもそれはそれで悪くありません。その場合は先へ行くのがちょっと遅れるだけの話です。

三途の川の渡し賃を忘れないこと

お金がないことが〝引っ張る念〟になる人もいる

意外と大事なのが三途の川の渡し賃です。私の母はこの川を渡る気満々ですから、渡し賃を棺桶に入れておかなかったら、さまようことになるかもしれないと思っています。

渡る気がない人も、三途の川があることを知らない人でも、川のところへ行く可能性がありますから、渡し賃を持っていなければ……あちらの世界で困ることになります。42ページに書いた女性のようにです。

亡くなった父親に……もしくは、母親、おじいちゃんおばあちゃんに「お金を持たせていません。成仏していないのでしょうか？」という内容のメッセージをいただいたことがあります。

故人が三途の川に行くタイプで、さらにお金を持っていないという意識があまりにも強ければ、ちょっぴり難しいです。けれど、ほとんどの場合、自力で何とかして渡ります（時間がかかる人もいます）。42ページの幽霊の彼女も、もしも私と出会わなかったとしても、いずれは服や靴が濡れることを覚悟して川を渡るのです。

「向こう岸に行かなければいけない」ということを十分すぎるくらい知っているからです。ですから、表現としては「成仏できない」のではなく、「成仏が遅れる」ということになります。

お金を持たせてあげなかった場合ですが、亡くなった人全員が「成仏が遅れる」「困る」のかというとそうではありません。お金が「必要な人」と「不必要な人」とに分かれるので「お金なんかいりませんよ?」という人もいるのです。

不必要な人はどのような人かといいますと、「川のところに行かない人」です。ここは不思議なのですが、亡くなったあとの世界は人によって微妙に違います。みんなが同じ道を通り、同じ景色を見るわけではありません。

亡くなった人が川を渡らないタイプだったら、その時点でお金は必要ない、ということになります。渡るタイプだったとして、それが男性だったら、お金を持っていなくても舟などに頼らずにザブザブ行くように思います。

「あの〜、識子さん、うちのおじいちゃん、95歳なんですけど〜」と思われるかもしれませんが、亡くなったあとは人間だった時の年齢は関係ありませんから、大丈夫です、深いところでも泳いで行けます。

女性でも、靴や服が濡れることに抵抗がなければサッサと渡るように思います。みんな、向こう岸へ行かなければいけないことがわかっているからです。

「うちの母はオシャレだったから、靴にこだわってるかもしれない」という人は、最後は本人の考え方になります。

「お金を持っていないから舟が来ない」と思ってしまうと、舟は本当に来ません。死後の世界は想念の世界でもあるからです。タクシーのように、乗ったらお金を払わなければいけない、しかも距離に応じて金額が変わる……などと思っていると、〝お金がない〟ことが成仏を遅らせてしまう〝引っ張る念〟になります。

私の母はまさにこのタイプで、「お金がないと舟に乗れないから、絶対に忘れないでね」と時々言っています。

「お金は持っていないけれど、親切で乗せてくれるでしょ」と、楽観的に物事を考える人だったら……舟は来ます。想念の世界は不思議ですね。

金額についてですが、「60円で大丈夫」と固く信じている人は、60円でも問題ないと思いますが……お棺にコインを入れてはいけない法律があるようなので、千円になるかと思います。

三途の川の渡し賃の金額は神仏がこの値段、と言っているわけではなく〝亡くなった人の考え方なのです（遺族の考え方ではありません）。ですから、葬儀社が用意した紙製のお金で大丈夫、と遺族がそう思っても、本人が子ども銀行券のような偽物では乗れない、と思っていたら乗れません。

先ほどの幽霊の女性は、もしかしたら無宗教だったのかもしれない、と思います。いきなり渡らなければいけない川の前に出て、「え？　なにこの川？」と、戸惑っていたのかもしれません。

川のはるか上流、または下流を見ると、舟に乗っている人がいるわけです。

「私も舟に乗りたい、どうして私のところには舟が来ないのだろう？　あ、お金を持っていないから？」と、思い至った可能性があります。

仏教ではないから、もしくは三途の川の存在を知らないから渡ることができない、というわけではなくて、「渡れない」と思っているから渡れないのです。川は本人の宗教観とは関係がありません。

余計な不安を持たせないために棺に入れる1万円

お金の価値も昔とは違っています。六文で渡し舟に乗れた時代は六文銭でよかったわけです。しかし、現代は六文銭では舟にもタクシーにも乗れません。タクシーに乗る時に、ちょっと遠くまで連れて行ってもらおうと思ったら、1万円札を持って乗るのではないかと思います。

祖母が亡くなった時に、千円札を胸に入れてあげる、ということを知りました。40年以上も前の話ですから、当時は千円払えばタクシーでけっこう遠くまで行くことができたと思います。今でも千円で乗れることは乗れます。しかし、人によっては千円を少なく思うかもしれません。

私は両親の棺には1万円を入れてあげようと思っています。余計な不安を持たせないためです。さらに自分のお葬式の時の1万円も用意しています。

口座にお金を残していても、お葬式の時は息子なり元夫が自分のお財布からお金を出すわけです。万が一、2人が入れ忘れたら、三途の川へ行った場合の私は一文無しです。タダで舟に乗せてもらうのは申し訳ないと気を遣う性格なので、現金を用意しています。

葬儀社が準備する紙や木でできた六文銭は役に立ちません。おもちゃのお金を持ってタクシーに乗る人はいないと思います。死んだあとの世界は肉体も生前のままに見えると書きました。感覚もそのままなのです。

ですから、おもちゃのお金が通用する、と考える人はいないと思います。大切な人を不安にさせないためには、お金を持たせてあげたほうがいいのでは？　ということをご提案致します。

会いたい人が転生していたら

神様修行コースの人とは会うことができない

自分が死んであちらの世界に帰ったら、あの人に会いたいな〜、と思う人がどなたにもいるのではないでしょうか。私は現時点では祖父母に会いたいです。私が亡くなるのは20年後あたりだと思うのですが、両親はその前に亡くなると思います。ですので、死ぬ時には両親にも会いたいな～、と思っているはずです。

祖母は生まれ変わったようなので、成仏界に帰ってもすぐには会えません。祖父も私が死ぬ頃には生まれ変わっているか……もしかしたら仏様修行のほうに行っているかもしれないので、もしも修行を始めたばかりだったらしばらくは会えません（修行に慣れてくれば会うことができます）。

そのへんのことをちょっと書きたいと思います。

会いたい人が生まれ変わっていたら、その人の魂は成仏界、高級霊界にはいないです。魂自体が地上に降りていますから、その人物が亡くなって帰ってくるまで会うことができません。

それって寂しいな、と思われるかもしれませんが、地上の様子は成仏界の特別な場所から見ることができるので、生まれ変わって頑張っている姿を応援できます。

あちらの世界と地上の「時間の感覚」も違いますから、その人が帰ってくるのを待つのはそんなに長い時間ではありません。あっという間に帰ってきます。その時に「お疲れさま～」と迎えに行けばいいのです。

本人は別の人物として生まれ変わっていますが、再会した時には前世の人物になります。

そこで積もる話ができるというわけです。

あちらの世界に帰った時に会いたいと思う人が、高級霊界でお仕事をしている人、成仏界にいる人だったら亡くなってすぐに会えます。というか、迎えに来てくれています。高級霊界でお仕事をしている人は50年忌の向こう側からこちらへ来てくれますし、成仏界にいる人はすぐそこにいる感じですから駆けつけてくれます。

仏様修行に入った人にも世界がリンクしているので会うことができます。ただ、駆け出しの頃は本人が修行に集中しているため、すぐにとはいかないのですが、ちゃんと会えます。

神様修行に入った人……この人にだけは、残念ですが会うことができません。存在する世界が違うからです。魂のままで会うことが……無理なのです。違う世界で一生懸命に神様修行をしている人は、こちらが死んだことも知らないはずです。

一生懸命に修行を頑張っていることを思えば、悲しいとか、会えなくて残念とか、そういう気持ちにはなりません。「そうか、神様になるのか〜」と、心から応援する気持ちになります。立派な神様になれたらいいな、多くの人を救う神様になったら素晴らしいな、と思って再会をあきらめます。

それがたとえば私の祖父だったとします。祖父にはものすごく会いたいです。子どもの頃に信仰の種をくれたこと、神社仏閣にたくさん連れて行ってくれたこと、神様や仏様の真実の姿を教えてくれたことなど……お礼を言いたいことが山ほどあるのです。感謝の気持ちを伝えたいです。

でも、祖父が神様修行に入っていたら会うことはできません。でもそれも仕方がないです。神様になりたいと頑張る祖父を応援すると思います。

成仏界で会えなかったことはもうどうしようもないので、私はその後、せっせと自分のレベルアップを頑張って、50回忌の向こうの世界へ行き、進路を決めます。やっぱり人間としての人生が面白いから、生まれ変わろう、ということで転生のコースを選んだとします。

来世は男性にしよう、バリバリ仕事をする人になろう、と今世とは違う人生を選びます。男性として生まれ変わった私が大人になって、とある神社に立ち寄ったら……そこに祖父が見習いとして、または眷属として、いるわけです。

男性に生まれ変わっている私には、祖父のことがわかりませんが、魂は大感激をしています。「じいちゃーん！　会いたかったー！」と、魂は大号泣です。祖父も「識子じゃないか！　よう来てくれた」と涙を流して喜びます。

生まれ変わった男性である私の脳に、この祖父の記憶はありません。識子という人物だった記憶もありません。けれど魂は自分が誰だったのか、時を超えて覚えています。ですから魂はものすごーく感動をするわけです。

このように神様修行に入った人とはあちらの世界では会えませんが、次の人生で、地上で会うことができるのです。生まれ変わった人物にはわからないのですが、わけもなく涙が出るとか、ものすごくその神社が好き、というふうに感じます。

この地上での再会シーンは生まれ変わった自分が死んで、あちらの世界に帰ってから、すべてがはっきりとわかりますし、そこで全部見えます。「じいちゃん、泣いて喜んでくれてたんだ〜」「頭をナデナデしていたんだな」というふうにです。

同様に生きている時に参拝した神社仏閣での様子も、死んだあとで見ることができます。神様も仏様も見えますし、どんなふうに歓迎されていたのかも知ることができます。

本人の記憶がなくても、魂は覚えている

余談になりますが、神社でわけもなく涙が出るのは、神様や眷属にあたたかい言葉をかけてもらったから、というのが一番多いです。その人が来たことを喜んでいる神様や眷属が歓迎の言葉をかけている、もしくは神様に悩みを話したり苦しい状況を話したりした人には、

優しい声かけをしているためです。神様にありがたいお言葉をかけてもらえた喜びで、魂が感激しています。

過去世でその神様を信仰していた、というパターンもあります。生まれ変わった本人の脳の中にはその記憶がありませんが、魂も、神様や眷属もしっかり覚えています。ですから、「おぉ、時を超えて、また来てくれたか～、うんうん、よしよし」と、神様や眷属が大歓迎をしているその様子を見て、魂が大喜びをしている……というわけなのです。

「神社で涙が出たことがありません。どの神社でも神様に言葉をかけてもらえていないのでしょうか？　歓迎されていないのでしょうか？」と、思われる方がいらっしゃるかもしれませんが、そうではありません。

魂はちゃんと感じています。その感じたことは、見えない世界でのことです。しかも、〝魂が〟感じていますから、〝心で思うこと〟とは次元が違います。この次元が違うことを「涙を流す」という、現実界での肉体の表現に置き換えられるかどうか、なのです。魂の感覚を心でも認識できていないのに、肉体に認識させられるかどうか……ちょっと高度な現象だとおわかりになると思います。

これは1回あったからといって、次もあるとは限りません。その時の感度の問題だからです。感度には精神状態、健康状態、お天気や周りの環境など、さまざまなことが関係しています。

ですから、何回も行っている神社でいきなり涙が出た、ということもありますし、初回の参拝で涙が出たけど、2回目以降はそんなに歓迎されていないように思う……なんてこともあるわけです。

それらのことは神仏側の問題ではなく、〝本人の受信感度〟の問題です。涙が出るのは自分の魂と肉体のパイプが、その日のその時にうまくつながっている状態だった、という人が体験することでもあります。

このように神様修行に入っている人とは地上でしか会うことができません。神様修行へ進もうと思われている方は、自分よりあとに死ぬ人とは会えないことを知っておかれたほうがいいかもしれません。

供養はいつまで故人に届くのか

供養は寄付されたり、貯金されたりする

供養は故人にいつまで届くのか？　というところを疑問に思っている方がいらっしゃると思います。故人がいつまで供養を喜んでくれるのか……。いただく質問の中には「故人が生まれ変わっていたら、その供養はどうなりますか？」というものもあります。

一般的なお話をしますと、50回忌の向こう側へ行けば、幽霊やレベルアップをしている成仏界の魂ではなくなるので、供養は必要ありません。生まれ変わったり、高級霊界でお仕事をしたり、神様・仏様修行をしている人は「供養をされる立場」という段階を超えているからです。

供養にはレベルアップをお手伝いするパワーがありますから、50回忌までのサポート方法です。そこにいる魂には大変喜ばれます。ですから、亡くなって50年ほどは供養をしてあげたほうがよい、ということになります。

しかし、50年たたなくても50回忌の向こうへ行く人がいます。意外と多いです。そのよう

な人への供養は一体どうなるのでしょうか。その供養は無駄なものだということで、意味がないものになるのでしょうか……。

いいえ、そうではありません。供養はちゃんと大事にされています。ただ、供養の利用方法とその故人の進路によって行き先が違ってくるのです。

まずは日々の供養の行き先です。仏壇にお供え物をしたり、読経したり、灯明をして手を合わせたり、とかの供養です。位牌は本人が顔を出せる「パイプ」「道」です。本人は成仏界で頑張っていますが、呼ばれたら、また供養をされたら、位牌から顔を出します。

この位牌の「道」は50回忌の向こう側へ行っても……高級霊界で仕事をする人と仏様修行に入った人、この2タイプの人はつながったままです。しかし、いくら呼ばれても、厚い供養をされても位牌に行くことはありません。行き来ができるのは、50回忌までの存在に限られているからです。

行くことはしないのですが、道がつながったままですから、供養をされたことは高級霊界、仏様世界にいてもわかります。道を通って供養が届くからです。その受け取った供養は、50回忌を過ぎている本人にはもう必要がないものです。

そうなると、この供養は「寄付」をされるのです。50回忌前までの成仏界は、供養が故人にとって大きな癒やしとなるところです。寄付された供養は大切に保管される特別な場所があります。

この寄付をされた供養はどう使われるのかと言いますと、病院、薬のような使われ方をします。成仏をしてこちらの世界には来たけれど、魂の状態がよくない人がいます。心のメンテナンスが必要な人々です。

殺されたとか、何かのアクシデントで予定外に亡くなったとか、戦争で亡くなったとか、魂が傷ついている人々です。亡くなった時のパニック状態が消えていない人もいます。そのメンテナンスが不可欠な人に寄付された供養が使われます。

供養にはレベルアップを助けるパワーだけでなく、こうした治療効果もあるのです。どちらかと言えば、こちらに使われるほうが力が大いに発揮されます。供養は「人を想う気持ち」だからです。

このように、50回忌の向こうへ行った人で、高級霊界で仕事をする人と仏様修行に入った人に送った供養は、本人によって寄付をされ、大切に使われています。

次に生まれ変わった人と神様修行に入った人です。この2タイプの人は、50回忌の向こう側に行って進路のコースに入ると、お墓も位牌も「道」が消滅します。世界が違うところに行くので、道が自然消滅してしまうのです。そうなると、故人には供養が届きません。故人も供養をされたことがわかりません。

そうなると送った供養はどうなるのかと言いますと……仏壇内の空間にたまっていきます。たとえば、仏壇の中にいる父親に供養をしたとします。しかし父親はすでに輪廻転生コースに入っています。位牌に道はありません。となると、仏壇内の空間に供養がたまります。

同じ仏壇内に母親の位牌があれば、母親の供養として使われます。もしも、叔母の位牌も同じ仏壇の中にあれば、母親と叔母の2人でその供養を分けます。仏壇にたまるというのはこういうことなのです。仏壇内はあちらの世界とリンクしている空間なので、ためることが可能となります。

父親1人の位牌しかない仏壇だったら、道が消えた位牌しかないわけです。でも、毎日お供え物をして般若心経を唱えるため、供養は仏壇内にどんどんたまっていきます。そうなると、次にその仏壇の中に入った位牌の人に全部届くのです。つまり、次に亡くなって、その仏壇に入る家族の人の供養となります。

供養は〝仏壇に〟貯金されます。もしも、仏壇ではなくて、位牌を台の上などにそのまま置いていた場合は、供養は貯金されません。仏壇というあちらの世界を展開できる空間だから供養がそこに貯金できるわけです。

216ページで、自分で自分の供養は貯金できない、と書きました。しかし、知らずにこうして供養を貯金していて、もしも次にその仏壇に入るのが自分だった場合、供養は全部自分の供養となります。この供養は自分宛にした供養ではなく、父親にした供養の貯金ですから効果はあります。

50回忌を過ぎたら、このように供養がもう必要ではなくなるので、お墓や位牌は処分しても問題ありません。

生まれ変わっても本人に届ける仏様

写経の供養は仕組みが違います。写経は奉納をした仏様（またはその眷属）が届けてくれます。

仏様は死後世界を管轄していますから、あちらの世界には詳しいです。故人となった人のことは全員把握しています。その人がいるところが50回忌前だったらすぐさま届けてくれますが、もう供養はいらないという段階になっていて……もしも、すでに生まれ変わっていたら、生まれ変わったその人物に届けてくれます。

魂は同じですから、別人に生まれ変わっていてもその人に変わりはありません。前世の供養を生きた人間に届けてくれるのです。人間に届けられる供養は、パワーアップを手伝うのではありません。言ってみれば、霊的な栄養ドリンク剤みたいなものです。

大切な人が病気になったら、その人の平癒祈願として写経をすることがあると思います。その効果と一緒です。大きなパワーではありませんが、その人の治癒力が上がる、そのようなパワーを与えます。

子どもの頃、まったく風邪をひかず、病気をすることもなく、ものすごく健康だったという人は前世の供養をもらっていた可能性があります。子どもの頃、嫌なことが一切なくて、つらい思いをしたことがない、いつも楽しかったという人もそうです。

私は前世の人物の死後、17年で生まれ変わりました。生まれた時は、前世の年忌はまだ13回忌が終わったところです。その後も供養を続けてもらっていたように思います。しかも少年兵だったので、遺族がきっと手厚く供養をしてくれたのだと思います。

もしかしたら、おじいちゃん、おばあちゃんが毎日村のお地蔵さんにお参りをして、17歳で亡くなった孫のことを祈ってくれていたのかもしれません。その後も長く供養をされていたようです。

私は子どもの頃に熱を出したことが数えるくらいしかなく（本当にいつといつだったのか覚えています）、風邪もまったくひかない子どもでした。学校で意地悪をされることもなく、いつも元気で楽しく暮らしていました。神仏がいる家庭だったからかもしれませんが、前世の供養をもらっていた恩恵もあります。

このように仏様は、故人が輪廻転生コースに進んでいれば、生まれ変わった人物に写経の供養や仏様に手を合わせてお願いした供養を届けてくれます。その他のコース……高級霊界でお仕事をする、神様修行に入る、仏様修行に入るという3つのコースは自動的に「寄付」されます。

もう50回忌の向こうに行ったかも？　という人への供養（仏様が届けるもの）も、無駄になるどころか、高級霊界でメンテナンスが必要な人たちを助ける貴重なものとなります。

おわりに

「亡くなられる人を目の前にして、何か、こちらからしてあげられることがありますか？」というメッセージをいただいたことがあります。医療関係の方からの質問です。目の前で亡くなっていく人を、ただ見ていることしかできないのだろうか……と苦悩されているご様子でした。

同じような悩みは介護職の方にも、看取りをするご家族の方にもあると思います。大切な人がいよいよあちらの世界に帰るという時、できることはなんでもしてあげたい、しかし何をすればいいのかわからない、ただ見ていることしかできないのだろうか……という、このような状況はかなりおつらいのではないでしょうか。

もうすぐあちらの世界に帰る、という人は体から魂が時々抜けます。そのような状態の時は体は眠っていても、意識がなくても、肉体に話しかけられた言葉を全部聞いています。認知症の人でも脳の働きと魂は別ですから、話しかけられた内容はしっかりと理解しているのです。

亡くなりつつある人には、たくさんのお話をしてあげると喜ばれます。

お礼を言うことはとても大切ですが、1回言えば本人にちゃんと届いています。魂に話しかけているので、1回きりでも言われたことは決して忘れません。繰り返ししつこく何回も言わなくても大丈夫なのです。

私がご提案をしているのは、あちらの世界に帰ろうとしている本人が穏やかになる、安らかな気持ちになれる、そういう言葉をかけてあげることです。それが一番喜ばれます。

たとえば、「寒くなってきましたね。そろそろ紅葉の季節ですよ～。病院の前のイチョウ並木が色づいてきて、すごく美しいんですよ」という、季節のお話です。

聞いているその人は話の内容から情景を頭に思い描いています。山々が紅葉で彩られた秋の景色を想像してみたり、自分の人生で美しい紅葉を見て感動した時のことを思い出したりしているのです。

「そうか、もう秋か……。子どもの頃の秋の運動会は楽しかったな～。校庭で食べたお弁当は美味しかったし、足の速いマサちゃんに徒競走で勝った時は嬉しかった。マサちゃん、元気にしてるのかな」

「秋になると、よく裏山に栗拾いをしに行ってたな～。あの時は亡き母も亡き姉もいて、たわいもないことでよく笑ってた。栗ご飯がごちそうの時代だったなぁ」

というふうに、聞いた言葉から、ささやかだけれどなつかしく、楽しかったことをしみじみと思い出しています。その再体験は魂をとても安らかにする効果があります。

井戸端会議をするような、日常会話も喜んでもらえます。

「息子が昨日、ご飯を5杯も食べたんですよ〜。おかずが足りなくて、最後はふりかけで食べていました〜。高校生で食べ盛りなんですよ」

「次のお休みに念願だった伊勢神宮に行くんです。ずっと行きたかったのですが、なかなか行けなくて、やっと参拝できるんですよ〜。何を着て行こうかなぁ」など、独り言のような話でもいいのです。

亡くなりつつある人はそれを聞いて、「俺も若い頃はどんぶりでメシを食っていたな〜」と考えたり、「ああ、伊勢神宮ね、私も行ったことがあるわよ。素晴らしい神社だったわ〜」と、自分の経験をいとおしく思いながら回想しています。この時に「ああ、いい人生だった」という方向に心が動きます。

このように本人があたたかい気持ちになる、優しい心境になるようお手伝いをするといいです。こうしてあげると幸せな気持ちのままで、思い残すことなく、頑張った人生をすっきりと終わりにして……穏やかに帰って行かれます。

自分が帰る時も同じです。結婚とか就職とか、大きな出来事だけをピックアップして思い出すのではなく、普段だったら見落としがちな、ささやかだけどほっこりとした、日常の幸せを思うことがおすすめです。

小さな幸せがたくさんあった人生だったことに気がつけば、自然と自分の人生に対して「ありがとう」という気持ちになります。この状態であちらの世界に帰ることができれば……それは大往生です。

今世を最高の幕引きで終え、あちらの世界に笑顔で凱旋ができる……誰もがこのような理想的な最期を迎えられればいいなと、そのように思います。

桜井識子

特別付録　ふりがな付き 般若心経 全文

摩《ま》訶《か》般《はん》若《にゃ》波《は》羅《ら》蜜《み》多《た》心《しん》経《ぎょう》（般若心経）

観《かん》自《じ》在《ざい》菩《ぼ》薩《さつ》　行《ぎょう》深《じん》般《はん》若《にゃ》波《は》羅《ら》蜜《みっ》多《た》時《じ》　照《しょう》見《けん》五《ご》蘊《うん》皆《かい》空《くう》

度《ど》一《いっ》切《さい》苦《く》厄《やく》　舎《しゃ》利《り》子《し》　色《しき》不《ふ》異《い》空《くう》　空《くう》不《ふ》異《い》色《しき》　色《しき》即《そく》是《ぜ》空《くう》

空《くう》即《そく》是《ぜ》色《しき》　受《じゅ》想《そう》行《ぎょう》識《しき》　亦《やく》復《ぶ》如《にょ》是《ぜ》　舎《しゃ》利《り》子《し》　是《ぜ》諸《しょ》法《ほう》空《くう》相《そう》

不《ふ》生《しょう》不《ふ》滅《めつ》　不《ふ》垢《く》不《ふ》浄《じょう》　不《ふ》増《ぞう》不《ふ》減《げん》　是《ぜ》故《こ》空《くう》中《ちゅう》

無《む》色《しき》無《む》受《じゅ》想《そう》行《ぎょう》識《しき》　無《む》眼《げん》耳《に》鼻《び》舌《ぜっ》身《しん》意《い》　無《む》色《しき》声《しょう》香《こう》味《み》触《そく》法《ほう》

無《む》眼《げん》界《かい》　乃《ない》至《し》無《む》意《い》識《しき》界《かい》　無《む》無《む》明《みょう》　亦《やく》無《む》無《む》明《みょう》尽《じん》

乃《ない》至《し》無《む》老《ろう》死《し》　亦《やく》無《む》老《ろう》死《し》尽《じん》　無《む》苦《く》集《しゅう》滅《めつ》道《どう》　無《む》智《ち》亦《やく》無《む》得《とく》
以《い》無《む》所《しょ》得《とく》故《こ》　菩《ぼ》提《だい》薩《さっ》埵《た》　依《え》般《はん》若《にゃ》波《は》羅《ら》蜜《みっ》多《た》故《こ》
心《しん》無《む》罣《けい》礙《げ》　無《む》罣《けい》礙《げ》故《こ》　無《む》有《う》恐《く》怖《ふ》　遠《おん》離《り》一《いっ》切《さい》　顚《てん》倒《どう》夢《む》想《そう》
究《く》竟《きょう》涅《ね》槃《はん》　三《さん》世《ぜ》諸《しょ》仏《ぶつ》　依《え》般《はん》若《にゃ》波《は》羅《ら》蜜《みっ》多《た》故《こ》
得《とく》阿《あ》耨《のく》多《た》羅《ら》三《さん》藐《みゃく》三《さん》菩《ぼ》提《だい》　故《こ》知《ち》般《はん》若《にゃ》波《は》羅《ら》蜜《みっ》多《た》
是《ぜ》大《だい》神《じん》呪《しゅ》　是《ぜ》大《だい》明《みょう》呪《しゅ》　是《ぜ》無《む》上《じょう》呪《しゅ》　是《ぜ》無《む》等《とう》等《どう》呪《しゅ》
能《のう》除《じょ》一《いっ》切《さい》苦《く》　真《しん》実《じつ》不《ふ》虚《こ》　故《こ》説《せつ》般《はん》若《にゃ》波《は》羅《ら》蜜《みっ》多《た》呪《しゅ》
即《そく》説《せつ》呪《しゅ》曰《わつ》　羯《ぎゃ》諦《てい》羯《ぎゃ》諦《てい》　波《は》羅《ら》羯《ぎゃ》諦《てい》　波《は》羅《ら》僧《そう》羯《ぎゃ》諦《てい》
菩《ぼ》提《じ》薩《そ》婆《は》訶《か》　般《はん》若《にゃ》心《しん》経《ぎょう》

死《し》んだらどうなるの？
選《えら》べる行《い》き先《さき》は4つ！
奇跡《きせき》の魂《たましい》ツアーに出発《しゅっぱつ》しよう

2019年11月１日　初版発行
2019年11月20日　３版発行

著　者　桜井識子《さくらいしきこ》

発行者　川金正法

発　行　株式会社KADOKAWA
〒102-8177　東京都千代田区富士見2-13-3
電話0570-002-301（ナビダイヤル）

印刷所　大日本印刷株式会社

●お問い合わせ
https://www.kadokawa.co.jp/（「お問い合わせ」へお進みください）
※内容によっては、お答えできない場合があります。
※サポートは日本国内のみとさせていただきます。
※Japanese text only

定価はカバーに表示してあります。

ISBN 978-4-04-604423-5　C0095